레시피 없는 요리 수필

레시피 없는 요리 수필

양희용(일섭) 네 번째 수필집

나는 음식 전문가가 아니다. 구체적인 레시피는 없지만, 가족을 위해 음식을 만드는 재미와 행복을 독자와 함께 공유하고 싶은 마음에서 요리 수필을 책으로 엮었다.

수필과비평사

작가의 말

퇴직 후, '삼식이'라는 소리가 듣기 싫어 요리를 본격적으로 배우기 시작했다. 요리학원에 다니지 않아도 인터넷의 카페나 블로그를 통해 충분히 배울 수 있었다. 점점 욕심이 생겼다. 이왕 하는 거 가족을 위해, 더 싱싱하고 건강한 재료를 찾기 위해 시장과 마트를 샅샅이 훑었고, 더 맛있는 음식을 만들기 위해 열과 성을 다했다. 요리는 나의 숨겨진 재능이면서 흥밋거리라는 사실도 알게 되었다.

무엇을 하든 경험과 경력이 중요하다. 가족을 위해 30년 넘게 요리한 아내도 있는데 경력 5년짜리인 내가 요리를 한다고 내세울 수 없다. 누구나 다 아는 사실이지만 싸고 신선한 제철 음식을 습관처럼 많이 먹으면 그것이 보약이고 약선 음식이다. 더 중요한 사실은 즐겁게 시장에 가고, 신나게 요리하고, 감사하는 마음으로 먹을 때, 그 음식은 최고의 음식이 된다는 것이다.

이제는 주방에 자주 들락거리지 않는다. 음식을 맛있게 먹어주던 애들은 분가했고, 서로 바쁜 아내와 나는 된장찌개 하나를 끓여도 이틀을 먹어야 한다. 아무리 좋은 음식을 만들어도 먹어줄 사람이 없으면 아무 소용 없다. 아내가 주방에 있으면 나는 소파에 누워 스포츠 중계를 본다. 내가 요리를 할 때면 아내는 안방에서 드라마를 본다. 내 인생 최고의 선택 중 하나는 스스로 요리를 배웠다는 것이다.

독창적이고 특이한 수필집을 내고 싶었다. 나의 관심 분야인 스포츠, 등산, 여행, 음주, 음식 등의 수필을 몇 편씩 적어보았다. 그중 음식 관련 수필은 색다른 매력이 있고, 다양한 삶의 가치를 누군가와 나눌 수 있다는 결론에 도달했다. 나는 음식 전문가가 아니다. 비록 세세한 레시피는 없지만, 가족을 위해 음식을 만드는 재미와 행복을 독자와 함께 공유하고 싶은 마음에서 『레시피 없는 요리 수필』을 집필하였다.

변변치 않은 음식을 맛있게 먹어주고 칭찬과 격려를 아끼지 않은 아내와 자식들에게 고맙다는 말을 전하고 싶다. 『레시피 없는 요리 수필』이 발간될 때까지 다양한 양념을 고루 뿌려주면서 간까지 잘 맞추어준 지도교수님과 문우들에게 머리 숙여 감사의 인사 올립니다.

2023년 시월

양희용(일섶)

| 목 차 |

제2부

제3부

제4부

제1부

음식은 종합예술이고 과학이다

요리하는 중년

■

인생의 종점까지는 아직 까마득하다. 아무것도 먹지 않고 살고 싶을 정도로 삼시 세끼를 챙겨 먹는 일이 힘들어질 때가 있다. 삼 일이나 일주일 정도 버틸 수 있는 신비한 약이 없을까. 과학자들은 뭐 하고 있는지 모르겠다. '남편이 퇴직한 후, 밥 때문에 외출도 못 하고 있다.'는 아주머니들의 푸념을 자주 듣는다. 먹는 것 때문에 가정불화가 자주 발생하고 있는 게 현실이다. 집에서 밥만 축내는 나도 '삼식이'가 아닌지 염려가 된다.

직장 동료들이 요리한 옻닭이나 추어탕을 먹어 본 적이 몇 번 있다. 맛을 떠나서 직접 요리하는 모습이 너무 부러웠지만 나는 엄두를 낼 수 없었다. 직장생활 30년을 끝낼 때까지 내가 끓일 수 있는 것은 라면밖에 없었다. 지금까지는 아무런 문제가 없다. 나보다 일찍 퇴직한 아내는 현실에 적응을 잘하고 있다. 한문을 배우면서 '아이돌보미'를 하고, 산악자전거를 타러 다닌다. 집에 있는 막내아들은 고3보다 더 바쁜 대학 졸업반이다. 식구들과 달리 한갓진 나는 리모컨만 만지작거릴 따름이었다.

뭔가를 해야 했다. 굳이 가정을 위한 것이 아니어도 상관없다. '삼식이'라는 말만 듣지 않으면 충분하다. 잔소리와 눈칫밥에서 벗어나기 위해 며칠 밤을 고민했다.

"그래! 요리를 배우자."

무엇이든 인터넷으로 배울 수 있는 좋은 세상이다. 굳이 학원에 다닐 필요가 없다. 내가 아내보다 더 오래 살거나, 혹시 혼자 살지도 모를 일이다. 요리만 할 줄 알면 특별한 걱정 없이 살아갈 수 있다. 요리를 배우자는 명분을 앞세워 정신무장을 단단히 했다. 힘들었던 훈련병 시절과 초보운전 스티커를 붙이고 고속도로 주행을 끝냈을 때의 기분을 떠올리며 두 주먹을 불끈 쥐었다.

다음 날, 새벽밥을 먹고 막내는 학교에, 아내는 동호회 회원들과 자전거를 타고 '간절곶'까지 간다며 집을 나갔다. 설거지를 끝내고 컴퓨터의 전원을 눌렀다. 긴장된 마음으로 검색창에 '된장찌개'를 입력했다. 30분 이상 관련 정보를 정독한 후에야 비로소 감이 잡혔다. 마트에서 두부, 조개, 청양고추를 사 와 간신히 첫 요리를 완성했다.

그 후 새로운 음식 한 가지를 만들기 위해 적어도 열 곳 이상의 요리 관련 사이트를 방문했다. 이것저것을 비교한 후, 나름대로 방향을 잡고 식단표를 만들었다. 1년 정도는 새벽에 일어나 식사를 준비했다. 찌개를 끓이고, 나물이나 볶음 요리를 만드는데 두 시간 이상 걸리곤 했다. 계란탕, 김치찌개, 콩나물무침이 막내와 아내로부터 좋은 호응을 얻었다. 자신감과 용기가 생겼다. 새롭고, 맛있고, 건강한 음식을 만들기 위해 인터넷을 뒤졌다. 시장과 마트를 샅샅이 훑었다. 서툰 칼 솜씨로 손가락을 베어 피를 보거나, 음식을 짜고 맵게 만들 때도 있었지만, 사소한 실수는 지속적인 노력으로 해결되었다. 어떤 요리에 간장을 넣고 소금을 풀어야 하는지도 구별할 수 있게 되었다. 식사를 준비할 때마다 주부들의 고충을 조금씩 이해하게 되었다.

제법 할 수 있는 요리의 종류가 늘어났다. 학창시절 누나 집에서 먹었던 매콤한 어묵볶음, 거제도에 여행 가서 해장국 삼아 먹었던 홍합탕, 비싸게 사 먹었던 간장게장, 애들이 좋아하는 닭볶음탕, 아내가 좋아하는 잡채와 대구찜도 몇 번을 시도한 끝에 고유한 맛과 향을 만들어낼 수 있었다. 가족들이 맛있게 먹는 모습을 보면서 지금까지 몰랐던 작은 행복을 느꼈다.

작년 겨울, 처가에 가서 김장했다. 나는 김장과 어울리지 않는 동태를 들고 갔다. 여자들이 배추를 치대는 동안 나는 점심을 준비했다. 큰사위가 요리하는 모습을 처음 보는 처가 식구들의 눈은 휘둥그레졌다. 동탯국을 끓여 점심을 대접했다. 모두의 입이 벌어졌다. 공장을 운영하는 동서는 식당을 동업하자는 농담까지 하면서 두 그릇이나 비워주었다. 요리를 힘들게 독학하면서 최고의 희열을 느끼는 순간이었다. 이제 나는 식충이가 아니라 스스로 세 끼를 해결할 수 있는 '자립형 삼식이'가 되었다.

친구들은 내가 요리를 한다는 것을 믿지 않았다. 궁리 끝에 내가 만든 음식을 사진으로 찍어 블로그에 올렸다. 처음에는 긴가민가했지만 같은 모양의 그릇이 계속 올라오는 것을 보고서야 사실로 인정해 주었다. 사진을 찍다 보니 "보기 좋은 떡이 먹기도 좋다."는 속담처럼 음식에도 때깔이 중요하다는 것을 알았다. 빨간 고추, 파란 부추와 미나리, 달걀노른자, 하얀 만가닥버섯 등은 색상을 맞추는 데 제격이다. 눈에 보이는 색깔이 음식에 대한 호감을 한층 높여주는 역할을 한다. 사람들이 화장하고 좋은 옷을 입으려는 이유가 아니겠는가.

며칠 전, '간장게장'을 백 번째 사진으로 블로그에 올렸다. 마음속으로 계획했던 '요리 100편'의 대장정이 마침내 달성되었다. 지인들의 칭찬보다 당당하고 자신 있게 요리를 할 수 있다는 것이 더 흐뭇하게 느껴진다. 이제 주방은 안방보다 더 편한 장소가 되었다.

초보를 거치지 않은 전문가는 없다. 무엇을 하든 경험과 경력이 중요하다. 가족을 위해 30년을 요리한 아내도 있는데 경력 5년짜리인 내가 요리를 한다고 내세울 수는 없다. 그동안 배운 것이라면 신선한 제철 음식을 많이 먹는 습관이 중요하다는 것이다. 즐겁게 시장에 가고, 신나게 요리를 하고, 감사하는 마음으로 먹을 때, 그 음식은 최고의 음식이 된다. 한 가지 더 바란다면 열심히 일하고 퇴직한 남자들이 쓸데없는 자존심 버리고 항상 바쁘고 즐겁게 살았으면 좋겠다.

이제 애들이 분가해서 따로 산다. 요즘 아내와 나는 정해진 순서 없이 요리한다. 아내가 주방에 있으면 나는 소파에 누워 스포츠 중계를 본다. 내가 요리를 할 때면 아내는 안방에서 드라마를 보고 있다. 내 인생 최고의 선택 중 하나는 스스로 요리를 배웠다는 것이다.

콩나물을 다듬는 시간

부엌일은 힘든 노동이다. 라면만 끓일 줄 알았던 남자가 주방을 맡았다. 시장과 마트를 들락거린 지 5년이란 시간이 흘렀다. 한 가정의 먹거리를 책임지면서 어렵고 짜증 날 때도 있었지만 찬거리 구매에서 요리까지 어느 정도 요령이 붙었다. 이제 된장찌개만 끓여도 이틀은 먹을 수 있을 정도로 식구가 반으로 줄었다. 정성껏 찬을 만들어 가족과 함께 맛있게 먹으면서 대화를 나누던 즐거운 시간도 함께 사라졌다.

요리를 준비하는 과정에서 어려운 일 중 하나는 단순 작업을 반복할 때다. 많은 양의 마늘을 까거나 나물을 다듬는 일은 특별한 재주나 비법이 필요 없다. 서두른다고 빨리 되는 것도 아니다. 같은 행동을 반복하는 일개미처럼 지루하고 따분한 시간을 견뎌야 한다. 어머니와 아내의 인내가 참 대단하다는 것을 느낀다. 남자들이 아무 불평 없이 그런 과정을 이겨내고 즐길 수 있어야만 비로소 주방을 맡을 수 있다.

콩나물은 사시사철 먹을 수 있는 음식이다. 시장에 가면 종종 난전에서 여러 가지 나물을 파는 할머니에게서 콩나물을 사 온다. 할머니는 웃으면서 한 줌을 더 넣어준다. 까만 비닐봉지를 들고 다니는 나이 든 남자가 애처롭게 보이거나 자신의 자식처럼 느껴졌기 때문일 것이다. 나는 할머니의 몸놀림에서 과일 장사를 하던 어머니를 떠올린다. 가끔 어머니가 생각나면 콩나물 할머니를 보고 올 때도 있다. 콩나물을 통해 말없이 서로의 마음을 주고받으면 집으로 오는 내내 기분이 좋다.

콩나물은 '대가리'라고 부르는 떡잎, 떡잎을 밀어 올리는 줄기, 줄기 아래에 갑자기 얇아지는 뿌리(꼬리)로 구성되어 있다. 콩나물을 다듬는다는 것은 콩 껍질과 까맣게 상한 콩나물을 골라내는 일이다. 찜을 만들 때는 식감이 다르다는 이유로 대가리를, 제사상에 올릴 때는 미관상 좋지 않다는 이유로 꼬리를 제거한다. 콩나물의 영양분은 대가리에, 숙취 해소에 좋다는 '아스파라긴산'은 뿌리에 많이 함유되어 있다. 음식을 먹는 느낌이나 시각적 효과도 중요하지만, 대가리나 꼬리를 자르지 않고 요리를 해 먹어도 맛의 차이는 크게 나지 않는다.

거실에서 콩나물을 큰 대야에 펼쳐 놓고 하나하나 다듬는다.

TV를 보면서 일을 해도 아무런 문제가 없다. 잡다한 영상에 빠져들지 않기 위해 리모컨을 누르지 않는다. 아무도 없는 암자에서 목탁만 두드리며 수행하는 스님처럼 나만이 가질 수 있는 사유의 시간이다. 추억을 생각하면서 피식 웃기도 하지만 후회와 반성을 하기도 한다. 어린 시절과 친구의 얼굴도 떠오른다.

초등학교 시절, 추운 겨울이었다. 아침 일찍 어머니는 양은 냄비와 5원짜리 동전을 주면서 콩나물을 사 오라고 하셨다. 콩나물을 사서 쏜살처럼 달려오다가 돌에 걸려 넘어졌다. 얼굴은 바닥에 약간 쓸렸고 콩나물은 사방으로 흩어졌다. 눈물이 쏟아지려는 순간 아침밥을 기다리고 있을 가족들의 얼굴이 떠올랐다. 주섬주섬 콩나물을 주워 담아 집으로 왔다. 아파하는 나의 표정에 어머니는 아무 말씀도 없었다. 찬물에 콩나물을 헹구고 다듬어서 국을 끓이셨다. 조용히 아침을 먹고 학교로 향했다. 내가 넘어진 자리에서 콩나물 몇 개가 바람에 나뒹굴고 있었다.

하루 세끼를 콩나물로 때웠던 대학 친구가 있었다. 학교 근처 허름한 자취방이 그의 거주지였다. 시험 기간 중 불쑥 집을 찾아갔다. 때마침 친구는 점심을 먹고 있었다. 반찬은 김치와 장아찌, 콩나물국이 전부였다. 아침에 콩나물국을 끓일 때 국물을 넉넉하게 만들어 아침과 점심은 국물만 먹고 저녁에는 남은 건더기로 콩나물무침을 만들어 먹는다고 했다. 숟가락을 권했지만 차마 먹지 못했다. 시골에서 올라오는 생활비에 맞추어 사는 친구의 소중한 하루 치 끼니를 축낼 수는 없었다.

몇 년 전, 동네 사람이 운영하는 콩나물 공장에 몇 번 들른 적이 있다. 시루에 볏짚이나 거즈로 시룻밑을 깔고, 그 위에 물에 불린 콩을 담아 고온다습하게 하여 발아시킨다. 마르지 않도록 물을 자주 주고, 5~7cm가량 자라면 먹기 시작한다. 콩나물은 다른 나물과는 다르게 밝은 곳이 아닌 빛이 없는 캄캄한 곳에서 자라야만 한다. 세상 밖으로 나오면 서민들의 사랑을 받는 나물이지만 성장 과정만 보면 콩나물은 어둠의 소생所生일지도 모른다는 생각이 든다.

우리 주변에는 콩나물처럼 어둠 속에서 자라는 청소년들이 제법 있다. 부모가 없거나 있어도 버려진 아이들, 기성세대가 만들어 놓은 제도권에 적응하지 못하는 아이들. 그들은 빛이 없는 음지에서 성장하고 있다. 판단력과 자제력이 부족한 아이들이 칠흑 같은 웅덩이 속으로 빠져들고 있다. 어쩌면 사회와 주변 환경이 그들을 낭떠러지로 떠밀고 있는지도 모르겠다. 그들이 콩나물처럼 밀폐된 어둠에서 나와 사랑을 받고 성장할 수 있도록 세심한 배려와 관심을 가져야 한다.

가끔 된장찌개와 김치찌개, 어묵탕, 라면을 끓일 때 콩나물을 조금씩 넣고 요리할 때가 있다. 콩나물의 특이한 향과 싱싱함이 음식 전체의 맛을 한결 돋우어 색다른 느낌으로 먹을 수 있다. 주로 국이나 무침을 만들어 먹는 콩나물은 다른 음식과도 잘 어울린다는 것을 알았다. 사람도 때와 장소를 가리지 않고 잘 어울릴 때 친구들로부터 대접을 받는다. 누군가가 자신을 챙겨주길 바라기 전에 스스로 다가가려는 노력을 먼저 해야 한다.

콩나물 다듬기가 완성되었다. 한 손으로 허리를 두드리며 주방으로 향한다. 깨끗한 물로 두세 번 헹구면서 국을 끓일지 무침을 만들지 생각한다. 가스레인지 한쪽에 어제저녁에 끓여 놓은 된장찌개가 눈길을 사로잡는다. 아직 찌개가 버티고 있으니 국을 끓일 필요는 없다. 데친 콩나물에 고춧가루와 참기름을 듬뿍 넣어 무침을 만들어야겠다. 양파와 고추도 조금 썰어 넣어 때깔을 맞추면 눈이 더 행복할 것 같다.

음악을 하는 사람들은 오선지 위에 콩나물 대가리를 그려 넣는다. 나는 매콤하고 맛있는 콩나물무침 위에 오선지를 긋고 싶다. 입안에서 아삭아삭 씹히는 상큼함은 콧노래가 절로 나오도록 만들어 준다.

음식을 만들어 먹는 즐거움은 힘든 노동의 대가와 비할 바가 아니다.

有를 창조하는 무

주부들은 삼시 세끼를 걱정한다. 무슨 반찬을 만들지, 무슨 국을 끓일지 근심이다. 편식이나 반찬 투정하는 식구가 있으면 고민은 더 깊어진다. 아무리 좋은 일도 오래 하면 지겨워진다. 아내는 가끔 요리하는 게 힘들다고 말한다. 나는 외출하면 반드시 식사를 해결한 후에 귀가하고, 시간이 맞으면 아내와 함께 외식하려고 신경을 쓴다. 최선책은 직접 요리를 만들어 아내에게 대접하는 방법이다.

며칠 전, 처가에 가서 김장하고 왔다. 1년 치 분량의 김치에 남은 배추와 무를 챙겨 트렁크에 싣고 집으로 돌아오니 마음이 든든하고 흐뭇했다. 아내는 온종일 노동을 한 남편에게 보상 차원에서 김장김치와 파전, 수육과 도라지 담금주로 술상을 차려주었다. '김장 삼합'을 안주 삼아 맛있게 먹고 깊은 잠에 떨어졌다. 늦게 일어나 거실로 나오자 소파에 앉아 있던 아내가 몸살기가 있어 좀 쉬어야겠다고 한다. 시래기 된장국을 데워 아침을 먼저 먹으라고 말하며 안방으로 훌쩍 들어간다.

그 말을 곧이곧대로 듣고 혼자 식사를 하거나 아내가 챙겨줄 때까지 기다리면, 아내는 매정한 남자라고 생각하며 그 순간의 실망감을 가슴 깊이 새길 것이다. 아내가 시키는 대로 먹으라면 먹고, 가라면 갔다가 욕을 들은 게 한두 번이 아니다. 전날 끓여 놓은 국을 데우고, 성의를 표하기 위해 새 반찬 하나라도 직접 만들어 같이 먹자고 해야 한다. 냉장고를 열어 찬거리를 살피며 무슨 요리를 할지 머리를 굴려본다. 멸치 무조림을 맛있게 만들면 원기회복에 도움이 될 것 같다.

이전에 만들어 본 음식이지만 몇 년 만에 시도하려니 낯설고 어줍다. 스마트폰으로 '멸치 무조림'을 검색하여 대충 훑어본다. 금세 감이 잡힌다. 먼저 무를 작은 사각 건전지 모양과 크기로 썰어 놓으면 빨리 익고 먹기도 편하다. 큼직한 멸치는 손질하여 반으로 갈라놓고, 대파는 무 길이로 잘라 둔다. 적당한 물에 설탕과 진간장, 고춧가루와 다진 마늘을 넣은 후, 잘 저어 양념장을 만들면 준비가 끝난다. 냄비에 무를 먼저 넣은 다음 부재료를 올리고 양념장을 부어 중간 불로 끓인다.

10분 정도의 조리 시간을 기다려야 한다. 어질러진 싱크대 주변을 정리한다. 원뿔 모양의 하얀 무 꽁다리를 손에 잡은 채 잠시 머뭇거린다. 나는 무를 별스럽게 좋아하고 많이 먹는다는 생각이 든다. 결혼하고 지금까지 무와 관련된 반찬이 식탁에서 빠진 적이 거의 없었다. 내가 선호한다는 이유도 있지만 싸고 쉽게 요리해 먹을 수 있는 건강식품이기 때문이다. 무는 배추, 콩나물과 함께 어렵고 힘들게 사는 서민들이 일 년 내내 즐겨 먹는 국민 채소다.

무의 원산지는 지중해 연안으로 중국에 전파된 후, 삼국시대에 불교와 함께 우리나라에 보급되었다고 한다. 중국 무는 양배추 모양으로 짧으면서 뭉툭하고, 단무지용으로 이용하는 일본 무는 길고 호리호리하다. 우리나라 조선무는 펜촉 모양과 비슷하면서 굵은 종아리를 닮았다. 개량종으로 생산되는 순무와 게걸무는 배추처럼 뿌리가 짧아 장아찌용으로, 총각무는 줄기와 뿌리를 통째 다듬어 총각김치로, 여린 무의 열무는 열무김치로 담가 먹는다. 얼마 전, TV에 수박처럼 속이 빨갛고 당도가 높은 '과일무'가 소개되어 신기하게 바라본 적이 있다.

무는 겨울철 비타민 공급원으로 중요한 역할을 한다. 게다가 겨울 산삼을 의미하는 '동삼冬蔘'이란 별명을 갖고 있다. 산삼보다 구하기 쉽고 아플 때 먹으면 효험이 있다고 믿어 왔다. 실제 감기를 예방하고, 해독 효과가 있어 해장국의 필수 재료로 첨가된다. 무의 '디아스타아제'라는 성분은 체증 등의 소화기류 질병에 효과가 좋다. 삼겹살에 쌈무, 치킨에 치킨무, 짜장면에 단무지가 괜히 나오는 게 아니다. 밥상에 무 요리가 있으면 건강을 위해 무조건 다 먹는 게 좋겠다.

깍두기 무생채 무말랭이 무장아찌, 등은 무에 몇 가지 양념만 첨가하여 만든 반찬이다. 특별한 부재료가 없어도 자신만의 고유한 맛을 내고, 그 맛에 따라 무에 대한 호불호가 나누어진다. 가끔 설렁탕이나 돼지국밥을 먹으러 간다. 요즘 어떤 식당에 가더라도 양념을 잘 만들어 맛이 비슷하다. 사람들은 같은 음식을 먹더라도 가격 못지않게 기본 반찬의 종류와 질도 중요하게 여긴다. 내가 자주 가는 식당의 깍두기는 새콤달콤하면서 아삭하고 맛있어 최소한 두 접시는 비우고 나온다.

무가 매운탕과 동태탕, 고등어조림과 갈치조림 같은 생선 요리의 부재료로 들어가면 본연의 성질과 특성보다는 주재료가 더욱 빛을 발할 수 있게 만들어 준다. 끓는 물에 자신의 몸을 분해하면서 좋은 맛과 성분은 발산하고, 나쁜 냄새는 흡수하여 전체적인 음식의 균형과 조화를 맞추어준다. 더구나 냄비의 가장 깊은 곳에 먼저 뛰어들어 화마의 고통과 싸우는 희생까지 감수한다. 어쩌면 무는 다른 식재료를 위해 물과 불의 전투에 두려움 없이 앞장서는 전사인지도 모르겠다.

영국 프로축구 토트넘에서 뛰고 있는 손흥민은 지난 시즌 득점왕에 선정될 정도로 훌륭한 선수다. 그는 '2022 카타르월드컵'에서 한국팀의 주장을 맡아 우리나라가 16강에 오르는 쾌거를 달성했다. 국가대표 선수들은 서로 다른 국내외 프로리그에서 활동한다. 각자의 개성과 능력, 역할이 다르고 나이 차이도 있다. 그런 선수들을 하나로 만들기 위해 그는 항상 겸손하게 자신을 낮추면서, 인터뷰 때마다 입에 침이 마르도록 동료들을 칭찬한다. 마침내 국민이 기대하던 16강의 목표를 이루었다. 손흥민의 마음과 정신은 무가 추구하는 화합과 희생정신이 아닌가 생각한다.

사과나 배가 맛이 없으면 '무맛 같다'라고 말한다. 무가 싸고 흔하다는 이유로 낮잡아 사용하는 표현이다. 실제 무는 음식의 달콤하고 시원한 맛을 내는 중요한 재료다. 어떤 모양이나 때깔로 만들더라도 반찬으로 손색이 없고, 무를 넣고 만든 맛국물은 대부분의 국물 요리에 잘 어울려 천의 얼굴을 가진 채소라고도 한다. 무는 음식의 색다른 맛과 또 다른 먹거리를 만들어 내는, 無에서 有를 창조하는 식재료다.

멸치 무조림이 바글바글 끓는다. 아내와 함께 식탁에 앉는다. 아내가 된장국 국물과 무조림을 먹으며 몸살기가 조금 사라졌는지 옅은 미소를 짓는다. 작은 무 하나가 가져다준 기쁨이다.

된장찌개

■

우리나라 사람이 제일 좋아하는 음식은 무엇일까. '김치찌개, 된장찌개, 김치, 불고기, 비빔밥' 등의 순이라고 유명 여론조사기관에서 발표한 적이 있다. 국내 거주하는 외국인은 불고기, 비빔밥, 치킨, 김밥, 부침개를 선호하고, 홍어, 개불, 산낙지, 번데기, 청국장을 꺼린다는 조사도 있다. 요리 자체의 향과 비주얼, 식감, 개인의 나이와 취향, 문화에 따라 음식에 대한 호불호는 달라진다.

며칠 전, 승용차를 카센터에 맡기고 식당에서 된장찌개를 먹고 있었다. 40대 중반으로 보이는 아주머니와 고등학생인 아들이 옆 테이블에 앉았다. 아주머니가 아들에게 뭘 먹을 것인지를 묻자, 아들은 열서너 가지의 메뉴를 훑어본 후, "청국장 먹을래요." 라고 말했다. 나는 밥을 입에 넣다가 깜짝 놀라 잠시 동작을 멈추었다. '청국장! 어린 학생이?' 이마의 땀을 닦아가면서 청국장을 먹는 모자의 모습을 보며 식성은 부모와 가정환경에 따라 좌우될 수 있다는 사실을 새삼 깨달았다.

'된장찌개'를 수필 제목으로 정해 놓고 다른 작가의 관련 작품을 몇 편 읽어보았다. 대부분 어머니가 끓여 준 된장찌개를 언급했다. 나에게 그런 추억은 없다. 한 가정을 책임졌던 어머니는 늘 장사한다고 바빠서 우리 집에는 간장이나 된장을 담근 장독 자체가 없었다. 가끔 음식점에서 된장찌개를 먹었으나 그냥 평범한 음식이라고만 생각했다. 결혼 후, 시골 출신인 아내가 자주 끓여 주는 된장찌개에 제맛을 조금씩 알게 되었다. 나이가 들면서 된장의 특이한 냄새는 내 몸에 익숙해졌고, 생각만으로도 식욕을 돋우어 준다. 지금은 김치찌개보다 더 좋아하는 음식이다.

육십이 다 되어 요리를 독학하면서 처음 시도한 음식은 된장찌개였다. 자주 먹는 음식이라 만만하게 생각했으나 큰 오산이었다. 멸치 몇 마리를 프라이팬에 가볍게 볶은 다음 다시마와 함께 육수를 우려낸다. 멸치와 다시마를 건져낸 후, 된장을 넣고 한참을 끓이다가 필요한 재료를 넣는다. 투입되는 재료, 소고기, 돼지고기, 바지락, 미더덕, 시래기, 등에 따라 된장찌개의 명칭이 달라진다. 된장찌개는 호박 감자 두부 양파 버섯 고추 대파 부추 달래 쑥 냉이 아욱 따위의 어떤 부재료가 들어와도 수용하고 어우러지며 특별한 맛을 낸다. 나는 생각이나 피부색이 다른 사람을 처음 만났을 때 된장찌개처럼 포용하고 같은 방향으로 나아갈 수 있는지 자문自問해 본다.

된장찌개를 끓이며 생각한다. 어떤 농부는 콩을 심고 수확해서 삶아 찧은 다음, 메줏덩이를 시렁에 매달았다. 메주는 발효를 위해 캄캄한 장독 속에 갇힌 채 인고의 시간을 보내야만 된장으로 다시 태어난다. 또 다른 농부는 호박과 감자, 양파를 심고 땀을 흘리며 한두 철을 보냈고, 소와 돼지를 키우기 위해 몇 년을 고생했을 것이다. 나는 농민들의 피와 땀, 정성과 시간을 작은 뚝배기에 담아 보글보글 끓이고 있다. 모든 음식이 다 그렇겠지만 특히 된장찌개는 허투루 만들고 먹어서는 안 된다.

나는 육류보다 바지락이나 미더덕을 넣은 해물 된장찌개를 더 좋아한다. 40년 넘게 소주를 마시면서 몸뚱이가 술에 절어 있다. 얼큰하고 시원한 된장찌개 국물을 몸속에 주입하여 망가져 가는 육체적 균형을 바로 잡기 위한 최선책인지도 모르겠다. 찌개가 바글바글 끓을 때 한 숟가락 떠먹으면 칼칼한 맛이 느껴진다. 기분이 좋다.

된장찌개는 언제든지 먹을 수 있는 비상용 음식이고, 소화제처럼 먹는 상비약이다. 특별한 국거리나 반찬이 없을 때, 시장이나 마트에 갈 시간이 없을 때, 속이 느끼하고 더부룩할 때 된장이나 끓여 먹자고 말한다. 고깃집에서 삼겹살이나 갈비를 먹은 후, 대부분 된장찌개와 함께 밥을 먹는 이유이기도 하다. 아침 해장으로 복국이나 짬뽕을 먹는 사람도 있으나 시래기 된장찌개를 찾는 사람도 있다. 박완서 선생의 산문집, 『노란집』에 '무청 우거지와 멸치 넣고 지진 된장찌개를 먹었더니 들뜬 소화기관이 제자리에 정비된 것처럼 개운해졌다.'라는 내용도 나온다.

두 아들이 학생이었을 때, 함께 외출해서 볼일을 본 후, 햄버거나 피자를 먹은 적이 몇 번 있었다. 외국산 인스턴트 음식을 아이들은 싱글거리며 맛있게 잘 먹었지만 내 입맛에는 맞지 않았다. 외출 분위기를 맞추기 위해, 허기를 면하기 위해 억지로 먹으면서 신토불이라는 단어의 의미와 함께 구수한 냄새가 나는 된장찌개를 생각했다. 어쩌다 햄버거나 피자를 먹을 때도 그런 생각이 드는데 몇 년이나 몇십 년을 외국에서 살아야 하는 동포들의 마음은 어떠했을까.

100년 전, 미국에 정착한 이민 1세대와 60여 년 전 이역만리 독일로 떠난 광부와 간호사들은 된장찌개가 얼마나 먹고 싶었을까를 생각해보면 안타까운 마음 그지없다. 된장의 특이한 냄새가 밖으로 새어 나가지 못하도록 모든 창문을 꽉꽉 닫고, 끓인 된장찌개를 먹으며 흘린 그리움과 애틋함의 눈물은 어떤 서러움과도 비교할 수 없다. 눈물 젖은 밥을 먹어 본 사람은 누구보다 더 독하게 살아야 한다는 의지를 갖는다. 된장찌개에는 한국인의 은근과 끈기가 담겨 있다.

오래 묵은 된장일수록 진득한 맛이 나고 우리 몸의 생리 활성

화에도 도움이 된다고 한다. 된장찌개를 끓이는 시간은 된장이 숙성되는 시간과 비례한다. 공장에서 만든 된장으로 찌개를 만들 때는 센 불에 잠깐만 끓여야 하지만 장시간 숙성시킨 집 된장은 낮은 불에서 충분히 끓여야 깊은 맛이 난다.

빠르고 편리한 것만 추구하는 시대다. 그러다 보니 사람들의 성격이 급해지면서 인내심은 떨어진다. 느긋하게 기다려주는 정이 사라지고 있다. 된장찌개의 진득한 맛과 깊은 맛. 그런 맛을 풍기는 친구가 주변에 많을수록 더욱 살맛 나는 세상이 될 것이다. 그보다 앞서, 친구들은 자신을 어떤 맛으로 평가하고 있는지를 먼저 생각해 볼 일이다. 된장찌개가 주는 의미를 되새겨 본다.

퇴직하고 집에만 있는 남자들은 아내에게 잔소리를 많이 듣는다. 그게 싫어 이런저런 핑계를 대며 집 밖으로 도망만 다닌다. 그러다 보면 집이 싫어지고 아내가 미워진다. 집에서 최소한 세탁기와 전기밥솥은 사용할 수 있고, 된장찌개 하나만이라도 끓일 수 있다면 아내도 마음 놓고 외출할 수 있을 것이다.

오징어

빛을 좋아한 죄, 죽음이다. 추운 겨울을 제주도 남쪽에서 따뜻하게 보내며 산란의 기쁨을 맛보았다. 봄소식을 듣고 난류를 따라 동해안으로 올라왔다. 한류와 만나는 조경수역潮境水域, 울릉도 근처에는 맛있는 플랑크톤이 숱하게 있다. 밤늦게까지 만찬을 즐기던 중 천지개벽이 일어났다. 컴컴한 바다가 환한 빛으로 가득 채워졌다. 함께 있던 가족과 친구들은 빛을 향해 솟구쳤다. 그게 끝이었다.

어판장으로 끌려온 오징어는 생선 궤짝에서 초조한 마음으로 기다린다. 숨을 크게 쉴 수도, 몸을 움직일 수도, 대화를 나눌 수도 없다. 가까운 횟집에 머무르든, 활어차에 실려 서울로 가든, 바다가 보이는 덕장에 걸리든 그들의 선택사항이 아니다. 줄을 잘

못 서면 라면이나 젓갈을 만드는 공장으로 갈지도 모른다. 자신의 의지와 상관없이 도살장으로 끌려가는 돼지처럼 인간의 결단에 따라야 한다. 어딜 가든 편안하고 즐거운 삶은 없다.

오징어에게 최후의 선택권이 주어진다면 덕장을 선택했을 것이다. 불꽃놀이 구경을 나왔다가 불심검문에 걸린 범인처럼 일가친척에게 인사는 물론 주변 정리도 못 하고 잡혀 왔다. 배가 갈라지고 내장이 제거되는 아픔과 몸통이 대꼬챙이에 끼워진 채 벌거벗은 모습을 보여주는 창피함도 감내한다. 비록 십여 일 남짓하지만, 동해안의 자연 바람을 쐬며 어린 시절의 추억이라도 떠올리고 싶을 것이다. 세상을 떠나기 전 고향을 바라보며 하직 인사를 할 수 있다는 건 큰 행운이다.

누구든 마지막 눈을 감기 전 회상에 잠긴다. 하룻밤 사이, 순식간에 두 번이나 당했다. 꽃길인 줄 알고 갔더니 가시밭길이었고 성찬인 줄 알고 먹었더니 오랏줄이었다. 단순하고 우매한 생각 때문이다. 오징어가 빛을 좋아하지만, 햇빛과 불빛을 구분하지 못한다는 게 첫 번째 문제였다. '살아있는 로켓'이라는 별명답게 빨아들인 물을 뿜어내는 추진력으로 전진과 후진만 한다. 회전을 모른다. 형광물질이 발린 채낚시가 먹이인 줄 알고 돌진하여 텁석 물었던 게 두 번째 실수다. 가끔 좌회전이나 우회전을 하면서 살아야 하는데…. 돌이킬 수 없는 일이다.

최근 오징어의 씨가 말라가고 있다는 안타까운 소식이 들린다.

집어등을 밝힌 채낚기 어선과 공조 작업을 하는 대형 트롤어선이 해저에 있는 오징어 새끼까지 싹쓸이하는 불법 어획이 공공연하게 이루어지고 있다. 일부 선주들의 욕심으로 명태처럼 오징어가 없어진다면 동해안의 미래와 어민들의 꿈은 사라지고, 방문객들은 발길을 돌릴 것이다. 어존 자원을 보존하기 위해 관련 단체들의 세심한 관리가 있어야 한다. 생태계의 파괴는 한순간이지만 복구는 엄청난 시간과 노력을 투자해야 한다.

오징어는 문어, 낙지와 함께 두족류頭足類에 속한다. 두족류는 머리 부분에 다리가 있는 연체동물을 통칭한다. 오징어의 다리는 열 개가 아니라 네 쌍의 다리와 길게 뻗은 한 쌍의 더듬이 팔로 구성되어 있다. 먹이를 잡을 때나 교미할 때 상대를 힘껏 끌어안는 수단으로 두 팔을 사용한다. 청춘들이 연인을 만나 포옹하는 방법과 똑같은 행동을 한다. 오징어는 문어와 달리 사랑과 분위기를 안다.

오징어의 호적상 이름은 '오적어烏賊魚'라고 정약전 선생이 저술한 『자산어보』에 실려 있다. 그들의 선조들은 먹이를 찾아 바다로 날아오는 까마귀를 순식간에 휘감아 물속에서 먹어치웠다고 한다. 까마귀를 해치는 도적이란 뜻으로 붙여진 이름이다. 고대 전쟁 영웅의 신화에 나올 법한 이야기지만 그냥 재미로 적어 놓은 기록은 아닐 것이다.

문어文魚의 이름에는 글월 '문文'자가 붙어 있다. 실제 문어는 지능이 높고 먹물을 이용한 위기탈출 능력도 뛰어나다. 글깨나 읽은 지식인들의 상징인 '먹물'을 잘 활용한다는 의미에서 '文'자를 붙여 주었다. 문학적 생선이다.

오징어의 이름에는 문어처럼 좋은 의미는 없다. 다만 조선 후기의 여류학자, '빙허각憑虛閣 이씨'가 편찬한 가정백과사전, 『규합총서閨閤叢書』에는 '오징어의 먹물로 글씨를 쓰고 해가 바뀌면 빛이 없어져 빈 종이가 된다. 하므로 헛맹세를 서계오적묵誓戒烏賊墨이라 한다.'는 내용이 나온다. 비록 비밀문서나 거짓 서약서를 작성할 때 오징어 먹물을 사용했지만 그래도 문학적 의의는 있다.

오징어는 가격이 저렴해 서민들이 무척 좋아하는 생선이다. 지갑이 가벼운 아저씨들은 포장집에서 오징어무침을, 젊은 연인들은 오징어순대를 안주 삼아 소주를 마시며 허기진 배를 채운다. 오징어가 고급 식당이나 뷔페의 꽃이 그려진 접시에는 감히 올라가지 못하지만 학교와 군대 같은 단체 급식에는 빠지지 않는다. 비록 죽음이야 어설펐지만, 서민들로부터 과분한 사랑을 받고 있다. 더는 신세타령도 하지 않는다. 뒤돌아보지 않고 오직 앞만 보고 달려온 결과인지도 모르겠다.

오징어는 변화를 두려워하지 않는다. 한때 사람들은 바다가 보이는 동해남부선을 타고 가면서, 야구장에서 고함을 지르면서, 연인과 손을 잡고 영화를 보면서 오징어를 즐겨 먹었다. 그 자리를 팝콘이나 햄버거, 치킨 같은 식품이 차지했다는 아쉬움은 있다. 하지만 오징어는 구이와 꼬치, 짬뽕과 같은 새로운 먹거리의 재료로 변신하는 데 성공했다. 시대의 흐름에 발을 맞추기 위해 지속적인 노력을 한다. 아무리 똑똑하고 잘 생긴 사람도 변화와 개혁을 두려워하면 오래 살아남을 수 없다.

오징어는 오늘 저녁에도 먹거리 전선으로 나가야 한다. 아이들의 간식으로, 가정의 반찬으로, 술집의 안주로 종횡무진 뛰어다닌다. 자신의 육체를 초개처럼 던져 미식가들의 건강하고 즐거운 삶에 헌신한다. 그렇다고 무슨 욕심이나 수산업 관련 단체로부터 표창장을 받고 싶은 마음은 없다. 오징어 축제가 해마다 열리는 울릉도 도동항 포구에 작은 위령탑 하나 세워 달라고 요구하지도 않는다. 그저 미식가들이 오징어를 먹으며 '맛있다!'고 내뱉는 말 한마디를 듣고 싶을 뿐이다.

저승길에 오르는 오징어 혼령들이 잘 살고 간다며 두 팔을 흔들고 있다.

잡채의 품격

학교에 근무하면서 점심은 구내식당에서 해결했다. 교내 식당은 가성비가 좋고 편하게 이용할 수 있지만, 반공일에 문을 열지 않는 게 단점이었다. 토요일, 학생들을 하교시킨 후, 몇몇 담임들은 밀린 잡무처리를 위해 퇴근을 미루었다. 그중 누군가 총무 역할을 자임하며 중국집 요리를 주문받았다. 다양한 중화요리 중에서 매번 잡채밥만 신청하는 동료가 있었다. 그는 뷔페에 가도 고기와 회보다 잡채를 제일 먼저 먹는다면서 자신의 별명이 '잡채바보'라고 했다.

잡채는 고기붙이를 잘게 썰어 볶은 것에 여러 가지 채소와 삶은 당면을 넣고 버무린 음식이다. '잡채는 당면이다'라고 잘못 생각하는 사람도 있지만, 중국에서 만들어진 '잡채雜菜'는 한자 뜻

그대로 잡다한 채소만 섞어 만든 음식을 말한다. 중국에서 상당히 대중화된 반찬이고, 지역에 따라 들어가는 채소의 종류와 조리 방법이 다르다. 우리 밥상에 김치가 올라오듯 중국인의 밥상에는 잡채가 기본으로 나온다. 김치처럼 잡채의 맛에 따라 식당의 척도가 달라진다고 한다.

중국집에서 잡채밥과 고추잡채를 먹고 실망하는 사람도 있다. 잡채밥은 밥 위에 당면과 춘장만 올려져 있어 차라리 '당면밥'이라 부르는 게 좋겠다는 생각을 했다. 고추잡채는 각종 채소와 돼지고기를 잘게 썰어 볶은 후, 씨를 제거한 피망을 길게 썰어 넣고 버무린 음식이다. 당면은 없다. 십여 년 전, 중국 음식을 좋아하는 친구와 함께 부산역 근처에 있는 차이나타운에 가서 고추잡채를 안주 삼아 술을 몇 잔 마신 적이 있다. 잡채 요리에 당면이 없어 팥이 없는 찐빵을 먹는 기분이었다.

잡채 요리가 한반도에 전해진 것은 조선 시대였는데, 그때도 당면은 없었다. 중국에 파견된 사신들을 통해 들어온 잡채는 상류층에 소개된 후, 임금의 수라상까지 올랐다. 다양한 채소에 팔도에서 올라온 전복, 해삼, 꿩고기 등을 넣어 새로운 음식을 만들었다. 1919년 일제강점기, 황해도 사리원에 당면 공장이 생기면서 잡채에 당면을 넣기 시작했고, 만두와 순대에 당면이 들어간 시기도 이와 유사하다고 음식 전문가들은 말한다. 잡채의 원조는 중국이지만 현재는 완전히 다른 우리나라 고유의 음식으로 탈바

꿈하여 계속 진화하고 있다.

누구나 좋아하지만, 손이 많이 가서 만들기 힘든 음식 중 하나가 잡채다. 각자의 취향이나 입맛에 따라 좋아하는 채소를 많이 넣기도 하고, 당면을 넣는 양도 달라진다. 애들이 잡채를 좋아해 자주 만들어 주었다. 다른 음식에 비해 시간이 꽤 걸리고, 요리 과정이 복잡해 신경 쓸 부분이 많은 음식이라는 것을 느꼈다. 라면을 끓일 때처럼 조리 방법에 정석이 없지만, 정성은 있어야 한다. 나는 다음과 같은 순서로 잡채를 만들었다. 지극히 주관적인 요리 방식이다.

1. 잘게 썬 돼지고기는 밑간을 살짝 해서 간이 배었다 싶으면 볶아준다.
2. 당면은 끓는 물에 10분 정도 삶아 채에 걸러 찬물로 헹궈서 준비한다.
3. 시금치, 미나리, 당근, 양파, 버섯, 고추, 등의 채소는 먹기 좋은 크기로 자른 후, 프라이팬에 넣고 볶은 다음 건져낸다.
4. 간장과 물엿 등의 양념을 프라이팬에 넣고 팔팔 끓인다. 당면을 투하해서 양념이 졸아들 때까지 저어준다. 당면의 간을 맞추고 때깔이 곱게 나오도록 신경을 쓴다.
5. 당면을 큰 양푼이 그릇에 건져낸 후 한 김 식혀준다.
6. 볶아 놓은 고기와 채소를 양푼이 그릇에 넣고 골고루 비벼주면 잡채가 완성된다.

찌개 종류에 김치, 된장, 동태, 순두부찌개, 등이 있듯이 잡채 유형에 속하는 음식도 상당히 많은 편이다. 감자잡채, 고추잡채, 부추잡채, 새우잡채, 어묵잡채, 우엉잡채, 콩나물잡채가 그 부류에 속한다. 이는 당면 대신 다른 재료를 넣거나 기호에 따라 특정 채소를 많이 넣고 만든 잡채라고 할 수 있다. 최근에는 잡채를 적당한 크기로 뭉쳐서 밀가루 옷과 튀김옷을 입힌 뒤, 기름에 살짝 튀겨 먹는 '잡채튀김'을 만들어 먹기도 한다. 잡채도 시대의 흐름에 맞추어 다양하게 변화하고 있다.

남녀노소 할 것 없이 대부분 잡채를 좋아한다. 생일잔치와 피로연, 환갑잔치, 등의 잔칫상에 빼놓을 수 없는 요리로 대접받는다. 국내에 거주하는 외국인들도 김치와 비빔밥, 불고기, 등의 음식과 함께 잡채를 거리낌 없이 잘 먹는다. 오래전, 미국에 이민 갔거나 파독 광부와 간호사들의 말에 의하면 현지인들을 대접할 때, 가장 먼저 빈 접시가 나가는 게 잡채일 정도로 인기 만점의 한식이라고 한다. 일본에서는 한식 코스요리에 포함되고 술안주로도 많이 찾는 요리다.

잡채는 어머니의 사랑이 담긴 음식이다. 2,000년대 초반, 그룹 'god'의 인기는 폭발적이었다. 그들의 데뷔곡은 '어머님은 짜장면이 싫다고 하셨어.'란 가사가 삽입된 「어머님께」다. 모든 세대가 어머니의 사랑을 느끼게 해주는 불후의 명곡이다. 멤버 중 박준형이 어머니가 일하던 곳에서 받은 잡채를 숙소로 가져와 자신에게 먹으라고 했다는 일화를 듣고, 작곡가 박진영이 잡채를 짜장면으로 바꾸어 노래를 만들었다.

「어머님께」를 들으면 어릴 적 생각이 난다. 시장 장사를 마친 어머니는 가끔 동네 길흉사가 있는 집에 들렀다가 밤늦게 귀가하셨다. 집에 오신 어머니는 잠을 자는 자식들을 모두 깨웠다. 잔치나 상갓집에서 얻어 신문지에 싸 온 돼지고기와 잡채를 상하기 전에 빨리 먹이기 위해서였다. 잠에서 금방 깼지만, 평소 맛볼 수 없는 귀한 음식이라는 생각에 허겁지겁 먹었던 기억이 난다. 어머니는 맛있는 음식을 좀 더 많이 얻어오려고 머리와 허리를 몇 번이나 숙였을까 생각해 본다. 자식들을 위한 어머니의 사랑은 끝도 한도 없다.

잡채는 좋은 날 먹는 품격 있는 음식이다. 특별한 색과 향으로 상을 돋보이게 만든다. 잔칫상의 중앙에 자리 잡고, 시각과 후각을 자극하여 손님들의 젓가락을 제일 먼저 맞이한다. 각종 채소와 고기, 당면이 화합하여 색다른 맛과 멋을 내기도 한다. 모두가 하나로 뭉쳐서 즐겁고 행복하게 살아보자는 의미가 담겨 있다.

요즘 잡채를 먹으면 어머니와 '잡채 바보'의 흐뭇한 미소가 떠오른다.

미역국을 끓이며

■

음식에 대한 호불호는 사람마다 다르다. 불고기와 김밥은 두루 인기가 좋은 편이지만 청국장과 홍어는 그렇지 않다. 김치와 닭고기를 안 먹거나, 바닷가에 살면서 생선회를 못 먹거나, 돼지고기를 먹으면 알레르기 반응을 나타내는 사람도 있다. 내가 좋아한다고, 건강에 좋다고 특정 음식을 억지로 권하는 것은 상대방의 선택권을 무시하는 행위다. 식습관은 각자의 개성이고 하나의 문화다.

시대의 흐름에 따라 문화와 함께 사람들의 식성도 바뀐다. 우리나라 젊은이들은 몇십 년 전만 해도 상상하기 힘들었던 햄버거와 피자를 즐겨 먹는다. 외국에서는 가축의 사료로만 생각했던 김과 미역 같은 해조류를 영양이 풍부하고 면역력을 증가시켜주는 식품으로 재조명하기 시작했다. 나도 청국장과 묵국, 홍어와 과메기를 젊을 때는 싫어했지만 지금은 없어서 못 먹을 형편이다. 어린 시절, 보는 것조차 거북스러웠던 시커먼 미역국을 지금은 직접 끓여 먹을 정도로 선호하는 음식이 되었다.

난생처음 만든 음식은 미역국이다. 아내가 첫아이를 출산한 당일 오후, 집으로 퇴원했다. 당시에는 몸조리할 수 있는 산후조리원이 없었고 산모도우미를 별도로 구할 형편도 아니었다. 시장에서 장사한다고 바쁜 형수가 내장과 비늘이 제거된 도다리와 마른 미역 한 봉지를 사 들고 왔다. 나에게 미역국을 끓이는 요령을 설명해주고는 그냥 가버렸다. 앞이 캄캄했지만, 아내를 위해 끓여야만 했다.

형수에게 들은 레시피를 떠올리고, 침대에 누워있는 아내에게 묻고 또 물어서 도다리 미역국을 끓였다. 너무 오래된 일이라 정확하게 기억할 수 없지만, 미역과 도다리를 깨끗하게 손질하고 들기름을 부어, 볶고 끓이면서 열성을 다한 것 같다. 김이 모락모락 나는 미역국을 커다란 대접에 남실하게 담아 아내에게 상을 차려주었다. 두세 숟갈 떠먹던 아내의 표정이 밝아졌다. "간이 딱 맞고 너무 맛있어요." 아내의 반응에 하늘로 날아갈 것 같았다. 일주일 내내 미역국만 끓여 같이 먹었다. 그때 젖을 먹고 자란 아들이 지금 서른여덟이다.

그 후로 아내와 애들의 생일은 물론 내 생일 때도 미역국을 직접 끓여 먹은 적이 몇 번 있다. 잘하는 건 아니지만 맛있다고 칭찬을 들으니 우쭐한 기분이 들었다. 소고기나 조개류를 넣고 끓일 때도 있지만 도다리나 가자미를 넣은 생선 미역국을 더 좋아한다. 한층 더 시원하고 깊은 맛을 느낄 수 있다. 몇 년 전, 동해안의 7번 국도를 따라 여행을 자주 다닐 때, '감포항' 인근 식당에서 가자미 미역국을 몇 번 사 먹었다. 바다를 보면서 생선 미역국을 먹는 맛은 용왕의 수라상이 부럽지 않을 정도였다.

미역은 우리나라와 일본, 중국에서 국이나 냉국, 무침, 볶음, 쌈 등으로 다양하게 요리되어 식용된다. 식이섬유와 칼슘, 철분과 요오드 등이 풍부하여 신진대사를 활발하게 하고 변비와 비만 예방에 탁월한 효과가 있다고 전문가들은 언급한다. 특히 출산 후에 먹으면 회복에 좋은 음식이다. 고래가 미역 서식지에서 출산한 후, 미역을 많이 먹는다는 사실을 인지하면서 산모들의 산후조리용 음식으로 삼칠일 동안 미역국을 먹는 풍습이 생겼다는 이야기가 전해져 내려온다.

미역국을 끓일 때 가장 큰 고민거리는 1인분이 어느 정도인지를 측정하는 문제다. 라면 한 봉지의 무게는 대략 120g 정도다. 마른미역 50g짜리 작은 봉지 하나를 사면 20인분이라 적혀있다. 미역 1인분은 2.5g이란 의미다. 미역을 라면처럼 생각해 듬뿍 집어 냄비에 넣고 끓이면 미역 귀신들이 빠르게 자라면서 냄비를 뚫고 나와 가스레인지를 집어삼킬지도 모른다. 자른 미역을 주방

저울로 측정하든지, 어른 밥숟가락으로 한 숟가락 정도 뜨면 대충 1인분이 된다.

요즘 생일 밥상도 외식으로 해결하고 미역국만 전문으로 취급하는 음식점이 많이 생겼다. 특별히 미역국을 끓일 일이 없지만, 가끔 먹고 싶을 때가 있다. 주방 수납장에서 마른미역 봉지를 끄집어낸다. 아내와 함께 두 끼를 먹을 수 있는 4인분이면 충분하다. 아무리 맛있는 음식이라도 자주 먹으면 질린다.

미역을 찬물에 불린 후, 뽀얀 거품이 나오지 않을 때까지 찌든 빨래 빨 듯 빡빡 문질러 헹구기를 몇 번 반복한다. 미역 특유의 쓴맛을 제거하고 식감을 부드럽게 만들기 위함이다. '생선 미역국'은 생선의 신선도와 깔끔한 손질 여부에 따라 비린내의 유무가 좌우된다. 생선과 미역 중 무엇을 먼저 끓일지는 중요하지 않다. 미역국은 오래 끓일수록 깊은 맛이 나기 때문에 한소끔 끓인 후 약한 불로 조려주는 것도 빠트릴 수 없는 포인트다.

미역국이 팔팔 끓기를 기다리던 중, 최근에 불거진 영유아 관련 뉴스가 떠오른다. 출생신고가 되지 않은 영유아가 냉장고에서, 쓰레기장에서, 야산에서 사망한 채 발견되는 사건이 빈번하게 일어난다. 베이비박스에 버려지는 영아들의 숫자가 증가하고, 온라인에서 40만~100만 원에 사고 팔린 신생아들도 제법 있다고 한다. 순간의 기쁨과 쾌락 뒤에는 커다란 의무가 뒤따른다는 것을 몰랐을까. 덥석 아이를 만들고 출산에 책임지지 않는 세태가 큰 문제다. 힘든 해산과 탄생을 챙겨주고 보듬어주는 법적 제도적 장치가 필요한 시점이다. 출산을 축하해 주고 따뜻한 미역국 한 그릇 나누어 먹을 수 있는 분위기가 하루빨리 조성되기를 바라는 마음이다.

가끔 해운대와 송정해수욕장을 지나 대변과 일광 방향으로 드라이브를 간다. 미역이 제철인 2월경에 대변항을 지나가면 갓 따온 생미역을 부둣가에서 판다. 10년 전에는 3천 원을, 작년에는 만 원을 주고 한 자루 가득 사 왔다. 잎은 무치고 줄기와 귀는 데쳐서 초장에 찍어 소주 안주로 곁들이면 짭조름한 바다를 먹는 기분이다. 생미역을 베란다 빨래걸이에 이삼일 말리면 마른미역이 된다. 옆집에 나누어주고도 몇 달 치 반찬으로 충분하다.

우리나라의 출산율은 세계에서 꼴찌 수준이다. 아이의 울음소리가 전국 방방곡곡에 울려 퍼지고, 미역국 끓이는 냄새가 온 동네를 진동했으면 좋겠다.

미역국을 먹는다는 것은 누군가의 축복을 먹는 것이다.

간장게장의 여운

■

마산의 바닷가 인근에서 학창시절을 보냈다. 먹거리와 흥밋거리가 없었던 시기에 바다는 조개를 캐고 게를 잡을 수 있는 개펄을 만들어 주었고 파도를 타며 헤엄칠 수 있는 재밋거리를 제공해 주었다. 어린 소년에게 작은 기쁨과 슬픔을 맛보게 해준 곳도 바다다. 바닷게를 많이 잡아가면 어머니가 무척 좋아하셨지만, 며칠 전에 산 검정 고무신을 갯벌에서 잃어버리고 맨발로 집에 갔을 때는 눈물이 펑펑 쏟아지도록 꾸지람을 듣기도 했다. 그때나 지금이나 바다는 내 마음의 고향이다.

게는 말랑말랑한 살을 보호하기 위해 뼈가 바깥에 있어 몸통이 딱딱하다. 몸통은 등딱지와 복부, 꼬리에 해당하는 배딱지로 구분된다. 이것들은 폴더폰처럼 하나가 접혀있는 상태다. 항문과

생식기관이 있는 배딱지로 암수구별을 하는데, 암컷은 알을 붙잡을 수 있도록 배딱지가 크고, 수컷은 가늘고 조그맣다. 다섯 쌍의 발 중, 첫째 발은 집게발로 먹이를 잡는 데 쓰고, 다른 네 쌍은 헤엄치거나 걷는 데 사용한다. 전 세계에 4,500여 종이, 우리나라에 150여 종이 분포한다고 한다.

우리나라 사람은 꽃게와 참게, 대게와 홍게를 많이 먹는 편이다. 게는 두꺼운 껍질 때문에 질량 대비 식용 가능한 부분이 얼마 되지 않는다. 보들보들하고 고소한 살이 너무 맛있어 동·서양 사람 누구나 별미라고 극찬한다. 외국에서는 대부분 몸통과 다리에 있는 흰 살만 골라 먹지만, 소 한 마리를 잡아도 뼛속 골수까지 우려먹는 우리나라 사람들은 복부 살은 숟가락으로 박박 긁어서, 다리 살은 입으로 쪽쪽 빨아서, 껍질은 아작아작 씹어서 먹는다. 해부학자처럼 게를 분해하고 산산조각내어 한 점의 살과 내장도 남기지 않으려는 의지가 대단하다.

《아큐정전》을 저술한 중국 대문호 루쉰은 "게를 맨 처음 먹는 데는 용기가 필요했다."라고 말했다. 이는 어떤 일을 처음 시도할 때 대단한 결단력이 필요하다는 의미도 있지만, 실제 루쉰은 무섭고 추하게 생긴 게를 처음 먹을 때 공포심과 갈등을 이겨내기 위한 큰 용기가 필요했다고 언급한 바 있다.

요리하면서 다른 게보다 꽃게를 선호하게 되었다. 꽃게는 대개보다 저렴하면서 게장을 비롯하여 탕과 찜, 찌개 등의 다양한 요리에 활용된다. 5년 동안 백 가지가 넘는 요리를 하면서 마지막으로 시도한 음식이 게장이다. 양념게장은 게를 손질하여 양념장에 버무리면 되지만 간장게장을 만드는 일은 생각만큼 만만치 않다. 음식 관련 블로그와 카페를 샅샅이 훑어보았지만 복잡하면서 레시피가 조금씩 달라, 간장게장 만드는 일을 망설이고 포기하기를 몇 번이나 반복했다.

시내 볼일을 보고 돼지고기를 사기 위해 자주 가는 M마트에 들렀다. 육류코너에서 삼겹살을 구경하던 중, 바로 옆 수산물코너에 사람들이 바글바글 모여 웅성거리는 소리가 들렸다. 호기심에 급하게 가보니, 싱싱한 꽃게를 할인 판매하고 있었다. '아! 꽃게' 갑자기 간장게장에 도전해보자는 생각과 함께 얼굴이 달아오르면서 가슴이 두근거렸다. 정성껏 만들면 아내와 애들이 좋아할 거다. 실패하면 어떤가. 하다가 안 되면 꽃게된장찌개를 끓여 먹으면 된다. 무슨 일이든 해보고 후회해야지 시도하지도 않고 지레 겁을 먹고 그만둘 수는 없다.

봄에는 알이 꽉 찬 암게가, 가을에는 살찐 수게가 맛있다. 때깔이 좋고 활발하게 움직이는 수게를 골라 여덟 마리를 샀다. 집으로 돌아올 때, 조수석 발판에 놓여 있는 게들이 '야! 아무나 간장게장을 만드는 줄 아니?'라고 시위하듯 발버둥을 치며 비닐봉지를 뚫고 나올 기세다.

간장게장은 짭조름하고 달큼한 맛이 생명이다. 그 맛을 내기 위해서는 우선 게를 칫솔로 손질한다. 육수와 간장 국물을 만들어 끓여서 식히고, 게장을 숙성시키기 위해 냉장고에 넣어 네댓새를 기다려야 한다. 기다리는 시간은 지루하고 걱정은 태산이다. 맛이 있을까, 없을까. 열어볼까 말까. 참고 또 참았다.

일요일. 간장게장을 공개해야 하는 날이다. 밤잠을 설치며 새벽에 눈을 뜨자마자 게장이 담겨 있는 통을 열고 새끼손가락으로 장을 찍어 맛을 보았다. 눈을 감고 음미해 본다. 나도 모르게 미소가 흘러나왔다. 그런대로 괜찮다. 굽이 있는 네 개의 파란색 찬기에 게를 한 마리씩 놓고, 간장 국물에 떠 있는 홍고추와 청량초, 양파 몇 조각을 올리니 식당에서 파는 요리와 진배없다. 아침 식사준비가 끝났다. 아내와 애들이 식탁에 앉으면서 간장게장을 보고 환한 표정을 지었다.

"간장게장을 어디서 사 왔어요?" 아내가 물었다.

"내가 만든 거야. 먹어봐." 기대 반 걱정 반으로 대답했다.

아내와 애들이 의아한 표정을 지으며 장을 떠먹어 본 후, 몸통의 살점을 뜯어 맛을 본다. 아내가 수저를 놓더니 손뼉을 치며 "우와! 맛있어요."라고 하자, 애들은 엄지손가락을 치켜들고 환하게 웃는다. 막내는 "아빠, 진짜 요리사가 되었어요."라는 말까지 한다. 며칠 초조하게 기다린 보람을 느꼈지만, 나는 쑥스럽게 고맙다고 말한 후, 자리에서 일어나 안방으로 급히 들어갔다. 거울을 보며 휴지로 눈시울에 어려있는 눈물을 훔쳐냈다. '아, 이런 게

가족을 위한 사랑이고 요리하는 즐거움이구나.'

음식 중에 밥도둑이 많지만 그중 으뜸은 간장게장이다. 밥도둑은 입맛을 돋우어 밥을 많이 먹게 하는 반찬 종류를 비유적으로 이르는 말이다. 요즘 식품판매업자들은 청양고추다대기장, 양념달래장, 순살꼬막장도 밥도둑이라고 내세운다. 맛있는 반찬이 따로 있는 게 아니라 자신의 입맛에 맞으면 밥도둑이다. 얼큰한 김치찌개로 밥 한 그릇을 뚝딱 해치우는 사람에게는 김치찌개가 최고의 밥도둑이다. 나이만큼 밥도둑의 종류가 많아졌으면 좋겠는데….

간장게장을 지금까지 세 번 만들었다. 많은 시간과 노력, 정성이 필요한 음식이다. 애들이 분가해서 따로 사는 지금은 직접 게장을 담기 위해 고생하는 것보다 식당에 가서 사 먹는 게 훨씬 더 효율적이다. 가격이 비싼 편이지만 요리 과정을 생각하면 그렇게 과한 것도 아니다. 좋은 사람과 의미 있는 시간을 보내며 맛있게 먹으면 그것으로 값어치가 충분한 음식이다.

간장게장을 먹고 나면 짠맛보다 달큼한 맛이 더 오래 남는다. 모든 일의 여운이 그렇게 기억되었으면 좋겠다.

멸치의 꿈

■

추운 겨울을 제주도 인근에서 보냈습니다. 4월의 따스한 봄바람을 타고 종족 번식과 더 나은 삶을 위해 송사리 떼처럼 무리 지어 부산의 기장 연안으로 향했습니다. 맛있는 플랑크톤을 먹으며 이동하면서 산란의 기쁨을 누리는 일가친지도 있었습니다. 반가운 마음도 잠시, 눈 깜짝할 사이에 유자망 어선의 그물코에 수만 마리가 꽂혀 몸부림을 쳤습니다.

우리는 몸의 크기에 따라 15㎜ 이하의 세멸에서 자멸, 소멸, 중멸과 77㎜ 이상인 대멸로 분류됩니다. 아직 소멸에 불과한 저도 그물에 걸려 잠시 의식을 잃었습니다. 눈을 껌벅이며 여기서 정신 줄을 놓으면 끝이라고 생각했습니다. 채 1년도 못 살았는데, 사람으로 치면 이팔청춘 꽃다운 나이인데, 벌써 인생을 마감한다는 것은 귀신이 곡할 노릇입니다. 어쨌든 탈출해서 집에서 쉬고 계시는 할아버지에게 돌아가야겠다고 마음먹었습니다.

'어여라 차이야~, 어여라 차이야~'

선전포고도 없이, 무방비 상태인 우리를 일망타진했다는 어부들의 승전곡勝戰曲, 「멸치 후리는 소리」가 들려왔습니다. 만선의 기쁨으로 흥이 난 어부들은 호흡과 장단을 맞추며 빠른 동작으로 우리를 후려 한곳에 모으는 작업을 하고 있었습니다. 상대가 환희에 들떠 있을 때 허점을 찾아야 합니다. 그물코에서 먼저 떨어져 나가는 동료들을 보면서 나는 바다 위로 떨어져야겠다고 생각했습니다. 생사의 갈림길, 절체절명의 순서를 기다리며 꼭 살아야 한다는 결의를 다졌습니다.

내 몸이 하늘로 튕겨 올라갔습니다. 평소 하늘을 날고 싶었던 작은 소망은 이루었으나 그걸 신경 쓸 겨를이 없었습니다. 전신의 힘을 쏟으며 마지막 한판 승부를 펼쳤습니다. 검푸른 등과 은빛 뱃살이 두세 바퀴 공중제비할 때, 햇빛이 내 몸을 비추었습니다. 희망이 보였습니다. 체조 선수가 공중으로 뛰어올라 착지점을 조절하듯 나는 머리와 꼬리를 틀어 바다 쪽으로 방향을 바꾸었습니다. 포구의 전봇대 사이에 걸쳐있는 현수막에 '기장 멸치 축제'라는 파란 글자를 곁눈질로 흘끔 보면서 회살처럼 바다를 뚫고 물속으로 빨려 들어갔습니다.

그물코에 걸렸다가 살아난다는 것은 천우신조입니다. 탈출에 성공한 생존자들과 함께 동네 어르신들이 머무는 본거지를 향해 물살을 갈랐습니다. 형제를 잃은 패잔병들이 무슨 할 말이 있겠습니까. 그래도 너무 억울했습니다. 우리의 죄라면 몸집이 왜소하고 볼품이 없지만, 골다공증에 좋다는 칼슘과 관절염에 탁월한 비타민D, 혈전 생성을 예방하는 오메가-3 지방산 성분을 몸속에 풍부하게 지니고 있다는 사실입니다. 모든 생명체는 장단점을 갖고 태어납니다. 그것은 피할 수 없는 운명이며 원죄입니다.

할아버지의 지극정성 덕분에 몸이 빠르게 회복되었습니다. 내가 물풀이나 바위틈 근처를 유영하며 체력을 단련시키고 있을 때 할아버지는 많은 이야기를 들려주었습니다.

"우리는 물고기 중 개체 수가 가장 많지만, 먹이사슬에서 최하위 단계에 있다. 다양한 포식자들이 우리를 노리고 있다. 바다에는 고래와 상어에서 고등어 갈치 문어 오징어 해파리까지, 하늘에는 갈매기를 비롯한 바닷새들이 우리를 일회용 먹잇감으로 잡아먹는다. 가장 무서운 적은 육지에 사는 인간들이다. 비겁하게 눈에 띄지도 않은 곳에서 갑자기 나타나 큰놈 작은놈 구별도 없이 깡그리 잡아간다. 그들은 우리를 맛국물용이나 액젓으로 사용하기도 하고 볶거나 지져서, 회를 쳐서 먹는단다."

사방팔방이 천적들인데 우리는 어떻게 살아야 하는지 할아버지에게 물었습니다.

"경계병을 보내 포식자를 감시하고 정어리처럼 군체를 만들어

대항하는 훈련도 해야 하는데, 각 지역의 대표들이 자신들의 입장만 주장하며 상대를 비방하고 헐뜯고 있으니 뚜렷한 해결책이 없구나. 위기 상황이 닥치면 앞장서서 싸워야 할 대장들은 줄행랑치고 졸병들만 우왕좌왕 어쩔 줄을 모르니…. 우리 종족 모두를 한마음으로 단합시킬 수 있는 훌륭한 지도자, 구심점이 없다는 게 가장 큰 문제다.

내가 네 나이 때, 인도양이나 태평양으로 여행 한번 가보는 게 소원이었지. 이제 나는 살 만큼 살았고, 몸도 마음도 지칠 대로 지쳤다. 너만이라도 원대한 꿈을 갖고 더 넓은 세상으로 나가보렴."

며칠 후, 고등어 떼의 습격이 있었습니다. 거대한 해일이 지나간 것처럼 마을은 아수라장이 되었고 더 안타까운 일은 할아버지가 내 눈앞에서 그들의 뱃속으로 사라졌다는 것입니다. 순간 적개심과 복수심을 느끼며 적군을 향해 돌진했지만 이내 이길 수 없다는 나약함과 죽을지도 모른다는 두려움으로 겁쟁이처럼 돌아서야만 했습니다.

불현듯 넓은 세상으로 나가보라는 할아버지의 유언이 떠올랐습니다. 고등어를 따라가면 태평양으로 갈 수 있다는 확신과 더는 잃을 것도 없는 질풍노도의 심정으로 그들의 후미를 멀리서 미행하기 시작했습니다. 그들이 할아버지의 꿈을 이룰 수 있는 유일한 희망이자 훌륭한 가이드라고 생각하니 원수를 존경하게 되었습니다. 너무 힘들었습니다. 그들이 쉬고 있을 때 나는 달려야 했고, 진수성찬을 즐길 때 그들이 먹다가 버린 찌꺼기로 허기를 면했습니다.

잠시 쉬면서 고개를 돌려보니 독도가 보였습니다. 순간 뭔가 잘못되었다는 것을 감지하고 한참을 생각했습니다. 고등어들은 태평양이 아닌 한반도의 동해와 사할린섬을 거쳐 오호츠크해로 가는 중이었습니다. 어떻게 해야 할지 망설였습니다. '그래. 동해의 넓은 바다 위에 떠 있는 독도를 본 것만으로도 큰 행운이다. 너무 지쳤어. 이제 고향으로 돌아가야겠다.' 고등어 떼는 북쪽으로 계속 올라갔고 나는 남쪽으로 선회하여 빠르게 이동했습니다. 마음이 가볍고 기분도 꽤 좋았습니다. 비록 목표는 달성하지 못했지만 나는 도전했고 절반의 성공을 거두었습니다. 실패를 두려워하지 않는 모험심은 청춘만이 가질 수 있는 용기이자 패기입니다.

세월이 흐르면서 나는 대멸로 성장했고 친지와 친구들의 적극적인 지지로 우리 동네 대장으로 추대되었습니다. 할아버지 말씀대로 먹거리 걱정 없는 마을, 편안하게 살 수 있는 공동체를 만들기 위해 열성을 다했습니다. 모두가 즐겁게 사는 모습에 제가 더 행복했습니다. 어떤 집단의 대표가 명예와 권력을 버리고 헌신과 봉사하는 마음으로 일할 때 구성원들로부터 존경과 신뢰를 받을 수 있다는 사실을 깨달았습니다.

추운 겨울이 지나고 따뜻한 봄이 왔습니다. 출정식을 마친 후,

대규모 부대를 이끌고 기장 연안으로 출발했습니다. 파도는 잔잔하고 천적들의 낌새도 없는 아주 평화스러운 밤이었습니다. 잠시 어린 시절을 회상하며 아무 생각 없이 빠르게 헤엄쳐 나갔습니다. 아뿔싸! 수만 마리의 부하들과 함께 유자망 어선의 그물코에 꽂혀버렸습니다. 저도 어쩔 수 없이, 할아버지가 말씀한 '훌륭한 지도자'가 될 수 없었습니다. 이제 몸은 뚱뚱해지고 동작도 느려져 탈출한다는 것은 언감생심이었습니다.

"이야! 벚꽃 피는 계절에는 큼직하고 살이 연한 기장 봄멸이 최고지."

그물 후리는 장면을 보고 있던 행락객의 입맛 다시는 소리가 들려왔고, '기장 멸치 축제'라 적혀 있는 현수막이 전봇대 사이에서 펄럭이는 게 눈에 들어왔습니다.

저는 평균 수명을 다했습니다. 더 오래 행복하게 살고 싶었지만 욕심이었습니다. 누구나 그러하듯 하고 싶은 일, 원하는 소망을 다 이루고 떠날 수는 없습니다. 나름대로 후회 없이 열심히 살았고 저의 공과에 대한 평가는 후손들에게 맡기겠습니다. 이제 편안한 마음으로 인간들의 처분을 기다리겠습니다.

마지막 활공을 하면서 우리 종족의 명예와 자존심을 생각했습니다.

'우리는 작고 못생겼으나 생태계와 인간에게 매우 소중한 존재이며, 우리의 삶 자체가 바다의 풍요와 융성입니다. 천적들이여!

우리를 포식하면서 제발 고맙다거나 맛있다는 말 한마디만이라도, 아니면 고개라도 한번 끄덕여 주세요. 세상의 모든 생명체가 크기와 모양, 색깔에 상관없이 서로 포용하고 의지하면서 살아갔으면 좋겠습니다.'

제가 바다로 환생한다면 오대양을 누비고 다니는 게 저의 소박한 꿈입니다.

제2부

음식은 정직하고 평등하다

냄새에 관한 소고小考

■

모든 꽃의 향기가 다르듯 사람과 음식에서 풍기는 냄새도 다르다. 개인 취향에 따라 특별히 좋아하는 냄새가 있지만, 그 냄새가 항상 좋을 수만은 없다. 가끔 꽃내음과 커피 향이 지겨울 때도 있고 생선 비린내와 청국장의 고린내가 그리울 때도 있다. 남자의 땀내와 여자의 화장 냄새도 그때그때 다르게 느껴진다. 냄새는 분위기에 따라 좌우되기 때문이다.

1. 향수

고교 시절, 성인영화를 몰래 보면서 향수는 누군가를 유혹할 목적으로 뿌리는 이상한 액체라고만 생각했었다. 나이가 들면서 그릇된 선입관은 바뀌었다. 아직 향수를 사 본 적은 없으나 아들의 향수를 살짝 뿌려 본 경험은 몇 번 있다.

관공서에서 업무를 보다가 향긋한 냄새를 풍기는 여자가 가까이 오면 괜히 기분이 좋다. 후각으로 들어온 향수는 몸과 마음을 이상야릇하게 만든다. 곁눈질로 여자의 얼굴을 훔쳐본다. '이 여자가 오늘 나를 위해 향수를 뿌리고 왔나?'라는 망상도 한다. 비록 노망일지라도 향수 냄새로 인해 잠시나마 즐거운 상상을 할 수 있다.

향수에서 좋은 냄새만 나는 것은 아니다. 은행의 대기석에 앉아 순번을 기다리고 있었다. 잠시 후 40대 초반의 여자가 옆에 앉았다. 이상한 향수가 코를 자극했다. 몇 초도 지나지 않아 내 머리는 깨질 듯 아팠다. 밖으로 나가 시원한 공기를 한참 마신 후에야 정상으로 돌아왔다. 그때는 왜 머리가 아팠는지 모르고 지나갔다.

얼마 전, 문학단체 모임에 참석했다. 행사 시작 전, 작가들이 출판한 새 책을 무료로 나누어 주는 코너로 갔다. 여러 명의 남녀 회원들이 책을 고르던 중이었다. 단정한 복장에 화장을 예쁘게 한 여자가 대열에 합류했다. 갑자기 머리가 띵하면서 아프기 시작했다. '아! 그때 은행에서 맡았던 냄새.' 책 고르는 것을 포기하고 행사장 밖으로 뛰어나갔다. 사람을 고통스럽게 하는 향수, 나에게 맞지 않는 향수가 있다. 아무리 좋은 향기라도 모든 사람이 다 좋아하는 냄새가 아니라는 것을 알았다.

2. 음식

배고픈 자는 음식 냄새에 민감하다. 배부른 자보다 후각이 더 빨리 반응한다. 어린 시절, 가족이 셋방에 살 때였다. 물에 보리밥을 말아 김치와 멸치 반찬으로 혼자 점심을 먹고 있었다. 환상적인 냄새가 풍겨왔다. 주인집 아주머니가 나와 동갑인 아들을 위해 생선을 굽는 중이었다. 자린고비처럼 생선 냄새를 맡으며 평소보다 밥을 많이 먹었다. 그때 고기반찬은 냄새도 맛있다는 것을 느꼈다.

음식 냄새에 관해 특별한 기억이 있다. 졸병 때, 경계 근무를 마치고 내무반으로 가던 중 선임하사를 만났다. 그는 열심히 하라며 들고 있던 단팥빵 하나를 주고 갔다. '야, 이 맛있는 빵. 근데, 어디 가서 몰래 먹지? 아! 화장실' 내무반 뒤편에 있는 재래식 화장실로 달려갔다. 헬멧을 총 위에 걸어놓고 편안하게 앉아 우걱우걱 씹어 먹었다. 바닥에서, 빵에서 나는 향긋한 냄새는 나에게 두 배의 기쁨을 주었다. 냄새는 상황에 따라 다르게 느낄 수 있다는 것을 체험했다.

라면을 좋아하는 편이다. 간식으로, 주식으로 거리낌 없이 먹기 편한 음식이다. 몇 년 전, 라면을 끓인 냄비 뚜껑을 열자 밀가루 냄새와 역겨운 냄새가 몰려와 갑자기 토할 것 같은 느낌을 받았다. 음식에도 권태기가 있다. 권태기는 풀고 해결해야 한다. 라면을 끓일 때, 수프를 3/4만 넣는 대신 잘게 썬 김치를 조금 넣는다. 중간에 국수 열댓 가닥을 넣으면 잡내 없이 깔끔하고 시원한 라면 맛을 즐길 수 있다. 생선의 비린내를 잡아내듯 음식 냄새는 요리 과정에서 좋은 냄새로 바꿀 수 있다.

3. 사람

지금까지 많은 사람을 만났다. 그중에 좋은 향기를 풍기는 사람이 있는 반면에 마주 보고 대화하기가 불편한 사람도 있다. 특히 분위기와 관계없이 자기 이야기만 하거나 말을 중간에 자르는 사람, 혈액형과 태어난 띠를 갖고 사람의 성격이나 운명을 말하는 사람, 아무도 원하지 않는 정치 이야기로 목청을 돋우는 사람을 싫어한다. 나도 인간인지라 만나고 싶은 사람과 그렇지 않은 사람을 마음속으로 구분한다. 음식을 골고루 먹어야 하듯 사람을 두루 원만하게 만나야 하는데, 그게 참 어렵다.

사람마다 고유한 냄새가 있다. 그 냄새는 후각으로 맡을 수 없고, 상대의 언행을 보고 마음으로 판단해야 한다. 양복을 입은 젊은이가 폐휴지를 가득 싣고 힘들게 오르막길을 오르는 노인의 손수레를 끝까지 밀어주는 장면을 한참 바라본 적이 있다. 콧날이 찡해지면서 발걸음이 사뿐거렸다. 친절과 겸손, 따뜻한 마음을 겸비한 사람을 만나면 인품이 느껴진다. 인품은 사람의 됨됨이를 판단할 수 있는 사람 냄새다.

'사람 냄새를 맡으려면 시장에 가라.'는 말을 들은 적 있다. 시장에 가면 밥내와 기름내, 갯내와 풋내 등의 온갖 냄새가 풍기지만 그중 백미白眉는 사람 사는 냄새다. 번잡하고 소란한 시장통에는 따뜻한 마음과 정이 넘쳐흐른다. 우울하고 외로울 때 시장을 한 바퀴 돌고 나면 최고의 보약을 먹은 것 같아 힘이 절로 솟는다. 사람을 만나면 즐겁고 기분이 좋아야 한다.

얼굴에서 눈만 크고 예쁘다고 미남 미녀가 될 수 없다. 이목구비가 함께 번듯하면서 조화를 이루어야 미모가 출중하다고 말한다. 좋은 향수 냄새를 풍긴다고 인간미가 넘쳐흐른다는 말을 하지 않는다. 내면의 인간다운 향기와 외면의 그윽한 향수 냄새가 조화를 이루는 사람, 그 사람이 만나고 싶은 사람이 아닐까 생각한다.

사람 냄새가 꽃밭의 향기처럼 은은하게 온 동네로 퍼져나갔으면 좋겠다.

숙성된 홍어

영화나 드라마가 음식 문화를 선도하기도 한다. 대표적으로 〈기생충〉이 국제영화제에서 수상을 휩쓸면서 전 세계에 '짜파구리' 열풍을 불러일으켰다. 이어 인터넷을 이용한 영상 서비스, OTT(Over The Top)를 통해 볼 수 있었던 드라마, 〈오징어 게임〉에 '달고나'와 〈수리남〉에 '홍어'가 등장하면서 색다른 음식으로 주목받고 있다. 음식도 시대와 문화에 따라 유행이 바뀐다.

홍어를 음식으로 먹는 국가는 우리나라를 비롯한 동남아 몇 개국에 불과하다. 유대 문화권에서 비늘이 없는 생선은 종교적·관습적으로 먹지 않는다. 특히 서양에서 삭힌 홍어는 '몬도가네'처럼 괴상한 음식으로 취급받는다. 그나마 북유럽의 섬나라 아이슬란드에서 보관 중인 홍어를 먹는데, 그것도 1년에 한 번, 크리스마스 축제 기간에 일부 어른들만 먹는다고 한다.

홍어는 주로 바다 밑바닥에서 홀로 서식하기 때문에 선장의 경험과 감, 그 날의 운에 따라 포획량이 천차만별이다. 운수가 나쁘면 한 마리도 못 잡고, 행운이 따르면 200마리 이상 잡기도 한다. 주로 서해안에서 잡히는 홍어는 현장에서 바로 완판되어 마니아들조차 산지나 고급 식당을 찾아가야만 국산 홍어 맛을 즐길 수 있다. 우리가 먹는 홍어 물량의 99%는 칠레산 냉동 홍어다. 그것도 부족해 아르헨티나와 페루산까지 수입하고 있다. 독특한 맛을 즐기려는 애호가가 점점 늘어나는 추세다.

나는 이상한 냄새가 나는 홍어를 싫어했다. 50대 초반, 절친을 따라 홍어집에 처음 갔다. 가게에 들어서자마자 숨이 턱 막혔으나 빈자리가 없을 정도로 가득 메운 손님들을 보면서 홍어 미식가들이 의외로 많다는 생각이 들었다. 친구는 나를 위해 팍 삭힌 홍어 대신 순한 맛을 주문했다. 무침과 튀김이 함께 나왔다. 애주가의 자부심과 친구의 성의를 생각해, 꾹 참고 다양한 요리를 경험했다. 암모니아 냄새는 답답한 코를 뻥 뚫어주었다. 입에서 연기가 나오는 것 같아 정신이 번쩍 들었다. 계속 먹으면서 내 몸은 빠르게 적응해 나갔다. 시끌벅적한 분위기에 청춘들의 웃음소리가 정겹게 들려왔고, 그들과 함께한다는 동질감마저 들었다.

일주일이 지났다. 이상하게 홍어 냄새가 몹시 그리워졌다. 친구에게 연락해 다시 그 집에서 만났다. 이전보다 진한 요리를 먹었다. 지금 그 친구를 만날 때면 내가 단골로 정해 놓은 홍어 전문점으로 간다. 시내에 홍어 요리를 파는 곳은 몇 군데 없지만 가게는 연일 만원이다.

오십 대 중반, 친구들과 목포항에서 유람선에 몸을 실었다. 산과 바다가 푸르다 못해 검게 보인다는 흑산도의 경관과 해질녘 섬 전체가 붉게 물드는 홍도의 절경을 보기 위해 1박을 했다. 흑산도는 어딜 가나 홍어 천지다. 선착장에 도착하면 제일 먼저 홍어 모양의 표지석이 보인다. 부둣가와 마당에서 나름의 방식으로 삭히고 말리는 풍경도 눈에 띈다. 식당마다 상호는 다르지만 하나같이 홍어회 전문이란 문구가 적혀 있다. 미세한 바람에도 홍어 냄새가 실려 온다. 흑산도 고유의 냄새다.

흑산도 볼거리 중 정약전과 최익현의 유배지, 가수 이미자가 부른 「흑산도 아가씨」 기념비, '12굽이' 도로는 꼭 둘러보아야 할 명소다. 홍어가 알려지기 이전, 1960년대까지 흑산도는 전국에서 몰려든 상인과 어선으로 불야성을 이뤘다. 고래와 조기, 고등어 파시가 철따라 열렸다고 한다. 지금도 '고래 공원'이 잘 조성되어 있어 사람과 돈이 모였을 당시의 상황을 짐작할 수 있게 해준다.

여행할 때는 진귀한 풍경의 관람도 좋지만, 식도락이 우선이다. 저녁 밥상은 홍어 요리로 가득 채워졌다. 뱃살과 뽈살, 꼬리살에 순두부처럼 입에서 사르르 녹아내리는 홍어애와 간까지 올라왔다. 주인아주머니는 삭힌 홍어를 기준으로 '일 물코, 이 날개, 삼 꼬리' 순으로 독하고 맛있다고 알려준다. 홍어는 톡 쏘는 맛이 강해 탁주처럼 부드럽고 순한 술이 어울린다. 홍어에 탁주를 곁들여 마시는 것을 '홍탁'이라 하고, 삶은 돼지고기와 묵은지를 삭힌 홍어와 함께 먹는 것을 '홍어삼합'이나 '홍어삼탁'이라 부른다. 향과 맛과 술이 어우러진 분위기에 취해 잠자리에 들었다.

냉장고에 보관 중인 음식이 발효되기도 하지만 가끔 부패할 때도 있다. 발효와 부패는 똑같이 미생물이 유기물을 분해하는 과정이나 그 결과물을 의미한다. 간장이나 된장처럼 그 결과가 사람에게 이로우면 발효라 한다. 품질이 변해 먹을 수 없는 경우, 단백질이 상한 것은 부패, 지방이 나쁘게 변질된 것은 산패라고 말한다. 이런 음식을 먹으면 식중독에 걸릴 수 있어 주의가 필요하다.

사람들이 일반 생선을 먹을 때 싱싱한 회를 선호하지만, 홍어를 먹을 때는 회보다 삭힌 것을 좋아한다. 삭힌다는 것은 발효시킨다는 의미다. 홍어와 가오리, 상어, 등은 뼈가 연하고 물러서 '연골어류'라 한다. 연골어류는 다른 생선과 달리 체내에 화학물질인 '요소尿素' 성분을 보관하고 있다. 숨통이 끊어지면 몸속에 있던 요소가 암모니아와 이산화탄소로 분해되는 과정에서 부패가 아닌 발효가 이루어진다. 홍어를 아무렇게 내팽개쳐 놓는다고 발효가 되는 것은 아니다. 어떤 음식이든 만드는 방법과 요령이 필요하다. 발효된 음식은 숙성 기간을 거쳐야 본연의 가치를 제대로 평가받는다. 홍어도 숙성도에 따라 가격 차이가 크게 난다.

사람의 숙성 기간은 언제일까. 공자가 말한 '이순耳順', 아무리 역한 소리를 들어도 순화시킬 수 있는 나이 60이 진정한 어른이 되는 시기이고, 그 이후는 숙성 기간일 것이다. 나는 숙성 기간을 5년이나 넘겼지만, 주변의 간섭이나 참견이 마음에 들지 않으면 아직도 화를 낸다. 나이 많다고 큰소리만 치고 있으니 몇 년이 더 지나야 성숙해질지 모르겠다.

홍어는 호불호가 확연히 구분되는 생선이다. 싫어하는 사람에게는 홍어의 단점만, 좋아하는 사람에게는 장점만 보인다. 나의 이기적이고 옹졸한 기준으로 판단하여 미워하는 사람이 있는 반면에, 나를 피하려는 사람도 있다. 내가 홍어를 보듯, 다른 사람의 단점보다 장점을 더 크게 볼 수 있는 마음의 눈을 가진다면, 상대도 나를 반겨주지 않을까 생각해 본다.

나이가 들수록 특별한 냄새가 나는 음식이 좋아진다. 홍어처럼 멋지게 숙성된 사람과 홍탁을 먹으며 따뜻한 이야기를 나눌 수 있으면 좋겠다.

김밥을 말며

분식집에서 젊은이들이 라면과 김밥을 먹고 있다. 입안에 침이 고이기도 하지만, 김밥만 보면 아련한 추억이 떠오른다. 초등학생 때, 소풍은 명절만큼 즐거운 날이었다. 야외로 나가 김밥과 환타를 먹을 수 있다는 기대감으로 전날 밤을 설치기도 했다. 장사한다고 바쁜 어머니는 김밥 대신 단팥빵을 챙겨주셨다. 뾰로통한 표정으로 소풍에 참여했다. 혼자 빵을 먹고 있을 때, 친구들은 나의 빵을 빼앗아 먹는 대신 김밥을 주었다. 간식을 건네주고 특식을 즐기는 기분이었다.

최근 우리나라에서 생산되는 해조류가 해외에서 비상한 관심을 받고 있다. 미국과 유럽의 식품전문가들이 가축의 사료로 취급하던 해조류를 영양이 풍부하고 면역력을 증가시켜주는 슈퍼

푸드로 재조명하고 있다는 반가운 소식이다. 미역과 다시마, 톳과 김, 등이 건강과 바다 환경을 지키는 미래의 먹거리로 인식되면서 수출량이 해마다 증가하는 추세다. 특히 김과 김부각은 스낵이나 간식으로 외국의 아이들에게 인기가 좋아 전망이 매우 밝다고 한다.

김밥은 밥과 반찬을 한꺼번에 먹을 수 있어 남녀노소 누구나 좋아하는 간식이자 주식이다. 요즘 물가가 많이 오르면서 김밥 가격도 제법 인상되었지만, 다른 음식에 비하면 여전히 저렴한 편이어서 떡볶이와 순대 못지않게 서민들의 사랑을 받고 있다. 포장해서 들고 다니기 편하다는 장점이 있어 등산객과 낚시꾼들이 특히 선호하는 식품이다. 단점은 쉽게 상하는 속 재료가 들어가고 손으로 만지는 특성상 식중독이 발생할 우려가 있다는 점이다. 김밥은 빨리 먹을수록 맛있고 건강에 좋다.

일제강점기 때 김초밥(노리마키)이 우리나라에 전파되면서 김밥이 만들어지기 시작했다고 한다. 주변에서 쉽게 구할 수 있는 재료를 넣고, 식초 대신 소금과 참기름으로 간을 하는 방식으로 우리 입맛에 맞는 음식으로 개선되었다. 수십 년간 가정과 식당에서 다양한 변화 과정을 거쳐 한국 고유의 '김밥'으로 재탄생하였다. 이제 김밥은 우리의 먹거리이면서 대한민국을 대표하는 한식 중 하나다.

김치의 종류가 다양하듯 김밥의 종류도 여러 가지다. 밥반찬으로 이용되는 식재료는 뭐든지 넣을 수 있고, 만드는 사람이 먹고 싶은 대로 재료를 추가할 수 있다. 기본으로 들어가는 단무지와 햄, 지단 이외에 어떤 특별한 재료를 넣느냐에 따라 김치김밥, 소고기김밥, 우엉김밥, 참치김밥, 치즈김밥, 등으로 명명된다. 내가 좋아하는 땡고추를 넣으면 땡초김밥이 된다. 특이한 김밥도 있다. 참치나 불고기를 안에 넣고 삼각형 모양으로 만든 삼각김밥, 밥은 적고 내용물이 많은 꼬다리김밥, 김밥 겉을 계란 지단으로 한 번 더 싼 계란말이김밥, 김에 밥을 펴 놓고 돌돌 말아 오징어무침과 깍두기를 곁들여 먹는 충무김밥, 등으로 계속 진화하고 있다.

30대 중반에 직장 동료들과 한산도로 낚시를 간 적이 있다. 고기는 안 잡히고 배가 출출할 시간에 일행 중 한 명이 음식을 펼치며 "먹고 합시다"라고 목소리를 높였다. 밥만 들어있는 김밥에 오징어무침과 깍두기가 있었다. 처음 보는 충무김밥을 게 눈 감추듯이 먹어 치웠다. 그 후로 통영에 가면 충무김밥을 꼭 사 먹는다.

김밥을 가장 쉽고 빠르게 먹는 방법은 숟가락으로 뜬 밥 위에 반찬을 올리고, 그 위에 사각형 조각 김을 올려 한입 크게 먹으면 된다. 식당에서 김밥을 주문하면 금방 나온다. 재료를 대량으로 준비해놓고 손님이 주문하면 잽싸게 만들어 내놓기 때문에 급한 사람이 한 끼를 해결하기 좋다. 실제 집에서 김밥을 만들려면 상당한 시간과 노력이 필요하다. 잡채나 카레를 만들 때처럼 손이 많이 가는 음식이다.

김밥 내용물을 일일이 손질하여 삶고, 볶는 일이 만만치 않다. 김발을 이용해 깔끔하게 말아도 터지거나 칼로 자를 때 김이 찢어지는 경우가 많아 계속 신경을 곤두세워야만 한다. 먹기는 편하지만 만들기는 힘이 든다. 김밥을 맛있고 예쁘게 잘 만드는 주부는 다른 음식도 잘할 거라고 짐작한다.

애들을 위해 새우볶음김밥을 몇 번 만들었다. 잘게 썬 김치와 고기, 채소와 새우를 밥과 함께 볶으면 새우볶음밥이 만들어진다. 그 밥을 김으로 싸면 나만의 새우볶음김밥이 완성된다. 말은 쉽지만 얼마나 긴장을 했는지 머리가 지끈거리고 다리가 후들거렸다. 그래도 꽃무늬 접시에 탑처럼 예쁘게 쌓아 놓은 김밥을 애들이 맛있게 먹는 모습을 보고 마음이 흐뭇했다. 오성급 호텔의 셰프가 된 느낌도 들었다.

가수 '자두'의 노래 〈김밥〉에 '언제나 김과 밥은 붙어산다고/ 너무나 부러워했지/ 잘 말아줘 잘 눌러줘/ 밥알이 김에 달라붙는 것처럼/ 너에게 붙어 있을래'라는 내용이 나온다. 가사처럼 김밥은 재료와 밥, 김이 한 치의 틈도 없이 꼭 달라붙어야 한다. 하나라도 과하면 터지고 부족하면 본연의 맛을 잃어버리게 된다. 혼연일체라는 단어는 김밥에 적합한 말이다. 김밥은 우리에게 살맛나는 세상을 만들기 위해서는 각자의 자리에서 최선을 다하고 서로 감싸주어야 한다는 교훈을 준다. 부대끼면서 어울리는 게 세상살이 아니겠는가.

김밥을 말면서 하나로 뭉쳐야 할 공동체를 생각해 본다. 경기가 불황에 빠지면서 많은 기업이 어렵다고 아우성이다. 이런 시기에 노동자와 사용자가 자신들의 권리만 주장하고, 위기상황의 책임을 상대방에게만 떠넘긴다면 그 회사의 앞날은 불을 보듯 뻔하다. 회사의 지속적인 성장과 안정적인 노사관계를 위해 신뢰를 바탕으로 서로 소통하면서 위기를 극복해 나가야 한다. 투명한 경영과 조직문화 개선을 통해 화합하고 단결한다면 회사와 개인이 함께 발전할 것이다.

우리나라 발전을 저해하고 있는 원인 중 하나는 정치인들에게 있다. 코로나 사태, 우크라이나 전쟁, 미중 갈등, 북핵 문제에 물가까지 상승하여 모든 국민이 힘든 나날을 보낸다. 여야 국회의원들이 힘을 합쳐 난국을 타개해 나가도 시원찮을 판에 맨날 싸움질만 하고 있으니 김밥이 터진 꼴이 아니고 무엇이겠는가. 국회의사당 앞에 김밥집을 차려 놓고 바쁘신 의원님들을 위해 김밥이라도 무료로 나누어주고 싶다. 김밥을 드시고 서로 한마음이 되어 시급한 현안들을 멋지게 해결해 주기를 바라는 마음이다.

갖가지 속재료와 모양을 포용하는 김밥처럼 공감과 사랑이 넘쳐나는 사회를 기대해 본다.

마음의 간식

지하철을 타고 가면서 잠시 눈을 감았다. 옆에 앉아 있는 젊은이들의 대화가 들려왔다. “야, 어제는 한 끼도 안 먹었다.” 친구가 이유를 묻자, “아침은 우유와 토스트를, 점심은 커피와 햄버거를, 저녁은 부서 회식에 참석해 소주와 삼겹살을 먹었다.”라고 말한다. 나도 그런 날이 가끔 있었다고 생각하니 속웃음이 나왔다.

우리나라를 비롯한 동남아 국가에서는 밥이 주식이다. 빵이나 과자는 간식이기 때문에 별도로 밥을 챙겨 먹는 게 우리의 식문화다. ‘밥이 보약이다’ ‘밥심으로 산다.’ 등의 표현은 어떤 간식보다 밥이 중요하다는 의미다. 부모들은 자식들이 밥을 잘 먹으면 칭찬을 하고, 간식을 자주 먹으면 꾸지람까지 했다. 서양 사람들에게는 우리가 간식으로 여기는 빵 종류가 주식이다. 문화와 생각의 차이

일 뿐, 주식이든 간식이든 많이 먹으면 배가 부른 건 마찬가지다.

간식은 끼니와 끼니 사이에 먹는 음식을 말한다. 비슷한 용어도 많다. 주전부리와 군것질은 간식이란 뜻도 있지만, 심심풀이나 재미 삼아 먹는 음식이란 의미도 내포되어 있다. 농부들이나 건설현장에서 일하는 노동자들은 간식을 새참 혹은 참이라고 부르고, 군인들은 부식이라 말한다. 밤참은 저녁밥을 먹고 난 한참 뒤 밤중에 먹는 음식을 말하는데, 다이어트를 하는 사람에게는 참기 힘든 유혹의 음식이다. 밥을 제외한 모든 음식은 간식거리가 될 수 있다.

처가에 가서 농사일을 거들거나 운전할 때 간식의 필요성을 절실히 느낀다. 농번기에는 허리 펼 시간도 없이 바쁘게 일해야 한다. 잠시 쉬면서 허기를 달래고 싶은 마음에 새참이 오기를 애타게 기다린 적이 있다. 김홍도의 《단원풍속화첩》 중, 〈점심〉에 등장하는 일꾼들처럼 음식을 먹으며 새로운 활력소를 찾고 싶었다. 새참에 막걸리는 필수다. 아무리 힘들어도 막걸리 한 사발을 마시면 저절로 흥이 나면서 즐거워진다. 막걸리는 일의 능률을 올릴 수 있는 최적의 간식이다.

승용차의 운전석과 조수석 사이의 수납공간, '콘솔 박스'에는 항상 주전부리가 들어있다. 십여 년 전까지는 껌이 있었으나 지금은 사탕을 준비해 놓는다. 운동선수들이 경기마다 껌 씹는 모습을 종종 볼 수 있는데, 이는 긴장감을 해소하고 집중력을 높이기 위함이다. 나는 운전 중 졸음방지를 위해 껌을 많이 씹었으나 치아 건강에 좋지 않다는 이유로 사탕으로 바꾸었다. 사탕은 고당도 식품으로 비만과 당뇨병의 주범이라고 하지만 안전 운전을 위해 어쩔 수 없이 먹고 있다. 운전 중, 나의 안전을 지키기 위한 필수품은 계피맛 사탕이다.

교직에서 명퇴한 후, 무슨 일을 할까 고민하다가 편의점 야간 알바를 서너 달 했었다. 밤 열 시에 출근해 새벽 두세 시쯤에 간식을 먹는데 나에게는 점심이다. 편의점에서 판매하는 도시락이나 김밥, 유제품에는 유통기한이 있다. 유통기한이 1분이라도 지난 제품은 전산상으로 반품 처리하고 식품은 즉시 폐기 처분해야 한다. 그런 제품을 판매하면 식품위생법 위반이지만 버리기엔 너무 아까웠다. 간식 겸 식사 대용으로 유통기한이 지난 도시락과 삼각김밥을 맛있게 먹은 적이 있다. 새벽에 폐지를 주우러 나오시는 할머니에게 기간이 지난 도시락이나 우유를 드리며 "할머니, 드시고 탈이 나면 절대 안 됩니다."라고 했고, 할머니는 자신의 손자가 너무 좋아한다며 환하게 웃으셨다. 나눔의 기쁨과 혹시나 하는 걱정이 교차하는 시간이었다.

모바일 환경에 익숙한 MZ세대가 유통시장에서 강력한 영향력을 발휘하는 소비 주체로 부상하고 있다. 그들은 밥 대신 빵이나 햄버거, 우유나 커피, 아니면 배달음식으로 간편하게 끼니를 해결한다. 바쁜 일상에서 식사를 준비하는 시간과 노력을 아끼고 좋아하는 음식을 선택해서 먹기 위함이다. 그러다 보니 마트에는 1인용 포장 음식이 즐비하고, 제빵업계가 활기를 띠고, 아침을 손쉽게 해결할 수 있는 새벽 배송이 늘어나고 있다. 앞으로 우리나라의 식문화가 어떤 방향으로 변화할지 궁금하다.

우리나라 국민 1인당 하루 쌀 소비량이 밥 한 공기 분량으로, 30년 전의 절반 수준이라고 한다. 이는 밀가루 소비량이 증가하는 원인도 있지만, 밥을 대체할 수 있는 간식, 치킨과 족발, 피자와 라면, 순대와 떡볶이 같은 간식이 주식의 개념으로 바뀌고 있기 때문이다. 밥을 꼭 먹어야 한다고 주장했던 기성세대조차도 밥보다 간식이 더 맛있고 효율적이라고 생각한다. 하루 세끼를 꼭 챙겨 먹던 나도 요즘은 두 끼만 먹는다. 대신 간식을 만들거나 주문해서 먹으면 편하고 깔끔해서 좋다.

식사를 하고 두세 시간이 지나면 약간의 시장기를 느낀다. 허기를 면하기 위해 달걀부침을 만들어 믹스커피와 함께 먹는다. 육체적으로 배가 고프면 간식으로 해결할 수 있지만, 나이 들면서 느끼는 마음의 공허함은 무엇으로 메꿔야 하는지 모르겠다. 아무 생각 없이 창밖의 허공만 멍하니 바라볼 때가 많다. 정신적 허기를 채울 수 있는 마음의 간식이 필요하다.

일반 간식은 돈으로 사 먹으면 되지만 마음의 간식은 스스로 찾아서 해결해야 한다. 여행이나 독서, 등산이나 낚시를 하면서 외롭고 쓸쓸한 시간을 유익하게 보낼 수 있다. 나보다 어려운 이웃을 위해 봉사활동을 하면서 삶의 새로운 활력을 찾는 것도 좋은 방법이다. 굳이 무엇을 하지 않더라도 그동안 소식을 끊고 지냈던 옛 친구들에게 안부를 전하고, 식사 약속이라도 정하면 새로운 기대감이 생긴다.

우리 주변에는 마음의 간식이 필요한 사람이 많다. 몸이 불편한 독거노인, 취업이 안 돼 집에만 있어야 하는 젊은이, 전세 사기를 당해 거리로 내몰린 신혼부부. 우리 사회는 그들이 필요로 하는, 끝까지 포기하지 않고 희망과 용기를 붙잡을 수 있는 간식을 만들어 주어야 한다.

간식은 제때제때 먹어야 효과적이다. 목마른 사람에게 물을, 배고픈 자에게 빵을, 마음의 상처를 입은 누군가에게 사랑을 건네주면 활기를 찾을 수 있다. 생활의 여유가 생기면서 물질적 간식이 풍성해졌지만, 가족이나 이웃에게 베푸는 마음의 간식을 너무 아끼는 것은 아닌지 생각해 본다.

풀빛 속으로

무슨 일이든 의무적으로 할 때와 자발적으로 할 때의 감정은 다르다. 생계를 위해 농사를 짓거나 어선을 타고 밤새 고기를 잡는 일은 너무 고달프다. 나들이를 갔다가 들판에서 쑥을 캐거나 갯벌에서 맨손으로 어패류를 잡는 해루질을 하고 돌아오면 즐거웠던 여운이 오랫동안 남는다.

경북 청도로 귀향한 옛 직장 친구가 사과나 감, 오디를 따러 오라고 연락하면 만사를 제쳐 놓고 달려간다. 내가 짓는 농사가 아니어서 부담이 없고, 한나절 정도의 짧은 시간이라 힘도 들지 않는다. 호수 같은 운문댐이 보이는 과수원에서 성의껏 일하고 과일 한 상자를 받아 오는 게 그렇게 좋을 수 없다. 1박을 하게 되면 여름에는 민물고기를 잡아 추어탕을 끓여 먹고, 겨울에는 옻닭이나 오리 백숙을 해 먹기도 한다. 친구 농장에 다녀오면 몸과 마음이 정화되는 기분이다.

청도에 가는 즐거움 중에 백미는 다슬기를 잡는 일이다. 냇가에서 물고기를 잡는 천렵을 하면 소풍 가는 아이처럼 기분이 좋다. 운문사 주변의 운문천과 삼계리 계곡에는 하천 바닥에 널브러진 돌멩이 수보다 다슬기가 훨씬 많다. 최근에는 식용이나 생계를 위한 채취가 늘어나면서 그 수가 많이 줄었다. 날빛도 없는 어두운 심야 시간에 바위에 걸려 넘어지거나 미끄러져 피를 흘리고 다칠 때도 있었지만 누가 다슬기를 잡으러 가자고 하면 자다가도 벌떡 일어난다.

고둥 종류에 속하는 다슬기는 심산유곡의 냇물에서부터 강과 하구, 호수에 이르기까지 깨끗한 물이 흐르는 곳이면 어디든 서식한다. 다슬기는 어두워지면 활동을 시작하는 야행성으로 몸 길이가 2cm 정도다. 껍질은 황갈색이나 적갈색으로 나선형 모양의 층을 이루고 있다. 이는 계절이나 환경에 따른 성장 속도의 차이로 생기는 굴곡, '성장맥'으로 나이테처럼 나이를 알 수 있게 해준다.

다슬기가 간과 혈액순환에 좋다고, 1·2급수에 산다고 날것으로 먹으면 안 된다. 허파디스토마의 중간숙주이기 때문에 기생충에 감염될 우려가 있어 반드시 삶아 먹어야 한다. 야산에 떨어진 밤을 줍다가 길을 잃듯이 다슬기 잡는 재미에 푹 빠져 계속

들어가다 보면 수심이 갑자기 깊어지거나 이끼에 미끄러져 익사 사고를 당할 수도 있다. 해마다 전국에서 다슬기를 잡다가 여러 명이 목숨을 잃는 안타까운 일이 발생하고 있어 주의를 기울여야 한다.

한때는 다슬기가 많은 곳을 찾아 원정을 다니기도 했다. 문경과 의령의 강으로, 지리산과 거제도의 계곡으로 서너 달에 한 번 정도 갔었다. 그 지역 근처에 1박 2일 여행하면서 재미 삼아 잡으러 다녔다. 전문가 못지않은 시골 출신 친구들이 수경과 오리발을 착용하고 물속 바위에 붙어 있는 다슬기를 한 됫박 잡을 때, 나는 허리 펼 시간도 없이 얕은 곳을 샅샅이 뒤져 한 움큼 정도 잡았다. 다슬기를 삶아서 까는 일도 승용차와 자전거의 속도만큼 차이는 있었으나 각자의 몫을 나눌 때는 1/N이었다. 아내가 싫어한다며 자신의 분량을 나에게 챙겨주는 친구가 있으면 여행하는 내내 부자가 된 것 같았다.

바다의 자갈밭이나 갯벌에서 자라 짠맛이 나는 갯고둥을 다슬기로 착각하는 사람도 있다. 해안가 축제와 시골 장터에서 종이컵에 담아 팔거나, 음식점과 술집의 기본 반찬으로 나오는 것은 십중팔구 갯고둥이다. 다슬기는 채취방법이 번거롭고 일일이 수작업을 한다는 이유로 가격이 비싼 편이어서 쉽게 보고 흔하게 먹을 수 있는 식품이 아니다. 그래도 나 같은 애주가들이 즐겨 찾는 이유는 해장의 효능으로 끝판왕이라고 생각하기 때문이다.

다슬기를 집으로 가져오면 커다란 대야에 붓고, 바락바락 문질러 껍데기에 붙어 있는 물때와 이물질을 깨끗이 씻어낸다. 반나절 정도 맹물에 담가두면 몸속의 모래와 불순물을 뱉어낸다. 소금물로 한번 헹구고, 잠시 기다렸다가 껍질에서 몸통을 쏙쏙 내밀 때, 팔팔 끓는 물에 다슬기를 투하하면 나중에 까기가 편하다. 양에 따라 3~5분 정도 삶은 후, 부유물을 제거한다. 다슬기를 건져내고 녹색의 육수는 다른 용기에 담아둔다. 핀이나 바늘을 이용해 알맹이와 껍질을 분리하면 요리 준비는 끝이다.

다슬기를 이용한 여러 가지 음식이 TV에 가끔 소개된다. 특히 〈나는 자연인이다〉라는 프로그램의 출연자들은 다양한 요리, 된장찌개와 시래깃국, 수제비와 칼국수, 전골과 조림, 등을 만들 때 다슬기를 기본 재료처럼 첨가한다. 맛있게 먹으며 자신만의 보양식이라 자랑한다. 그런 종류의 음식도 나름 괜찮지만 내가 원하는 요리가 아니다. 나는 다른 첨가물 없이 소금 간을 맞춘 다슬기 국물에 알맹이만 듬뿍 넣은 맑은탕을 좋아한다. 본연의 순수하고 단아한 멋이 살아있다.

잘게 썬 땡고추를 조금 넣고 부추를 다슬기 크기로 썰어 국물 위에 흩뿌린다. 한 숟가락 떠먹으면 시원하고 담백한 맛이 입안을 가득 채운다. 다슬기탕에서만 볼 수 있는 푸르스름한 색깔에서 봄날의 싱싱함이 모락모락 피어오른다. 시선과 마음이 풀빛 속으로 빠져든다. 기억 속에 푸른 꿈을 찾아 헤매던 시간이 아련히 떠오른다.

청년 시절, 유별스레 녹색 셔츠와 티를 좋아했던 때가 있었다. 하고 싶은 일과 가고 싶은 곳이 많았으나 할 수 있는 게 아무것도 없었다. 혼자라는 외로움과 미래에 대한 불안감으로 방황하는 시간의 연속이었다. 심리적 안정과 새로운 의욕을 찾고 싶었다. 그 고민을 녹색 옷이 해결해 주었다. 녹색 비상구와 신호등이 지닌 희망이 내 가슴으로 들어왔다. 추운 겨울을 이겨낸 새싹처럼 처음부터 다시 시작하면 된다는 용기와 자신감을 얻었다. 나에게 풀빛은 터널 끝에 보이는 한 줄기 빛이었다.

요즘 강이나 계곡 근처로 여행을 가면 다슬기 요리를 판매한다는 식당 간판을 쉽게 볼 수 있다. '다슬기'란 글자만 보면 운문천 계곡의 이끼 낀 바위에 옹기종기 붙어 있는 다슬기가 눈앞에 아른거린다.

매콤달콤한 맛

시내를 돌아다니다 보면 다양한 길거리 음식을 접하게 된다. 특히 젊은이들은 김밥과 순대, 만두와 튀김, 호떡과 떡볶이 같은 음식을 간식이나 한 끼 식사용으로 즐기고 있다. 길거리 음식은 한때 인스턴트와 패스트푸드, 불량식품이란 이유로 부정적 평가를 받기도 했지만 이제 위생시설을 제대로 갖춘 음식, 건강한 음식, 맛있는 음식으로 탈바꿈하여 많은 사랑을 받고 있다. 포장 기술이 발달하면서 음식을 들고 길거리를 돌아다니며 먹는 사람도 쉽게 볼 수 있다.

식당에서 음식 이름을 잘못 표기한 경우를 종종 본다. '찌게, 육계장, 삼개탕, 떡뽁기' 대신 '찌개, 육개장, 삼계탕, 떡볶이'라고 적어야 올바른 표기다. 이중 떡볶이는 '떡'과 '볶이'의 합성어로 떡을 볶아서 만든 음식이란 의미다. 조선 시대에는 오병熬餠과 진달래 화전花煎처럼 떡을 기름에 볶아 먹었는데, 여기서 '떡볶이'라는 이름이 유래되었다고 한다. 요즘 떡볶이는 가래떡을 적당한 크기로 잘라 양념 된 국물과 함께 끓인 후, 졸인 음식으로 탕이나 조림에 가깝다.

조선 시대에는 현재의 고추장 떡볶이가 아닌, 고기와 채소와 볶은 떡을 간장에 버무려 먹는 궁중떡볶이를 먹었다고 요리연구가들은 말한다. 일제강점기 시대, 희극적인 풍자곡 〈오빠는 풍각쟁이〉의 가사에 떡볶이가 언급되어 있다.

> 오빠는 풍각쟁이야, 머/ 오빠는 심술쟁이야, 머/
>
> 난 몰라이 난 몰라이 내 반찬 다 뺏어 먹는 건 난 몰라이/
>
> 불고기, 떡볶이는 혼자만 먹구/ 오이지, 콩나물만 나한테 주구
>
> 오빠는 욕심쟁이, 오빠는 심술쟁이, 오빠는 깍쟁이야.
>
> – 가수 박향림이 부른 〈오빠는 풍각쟁이〉 1절

가사에 나오는 떡볶이는 현대식 고추장 떡볶이가 아닌, 간장을 기본으로 하여 여러 가지 재료를 넣고 볶은 궁중떡볶이였을 것이며, 떡볶이의 위상이 불고기와 견줄 정도로 고급스럽고 귀한 음식이었다는 것을 짐작할 수 있다. 여동생이 먹을 맛있는 음식을 오빠가 다 뺏어 먹었으니, 오빠를 딴따라 같은 심술쟁이라고 놀

리고 욕하는 내용의 노래다. 어릴 적 어머니가 사 준 맛있는 찹쌀 떡을 형이 다 빼앗아 먹어 어머니에게 이르지도 못하고 훌쩍훌쩍 울었던 기억이 난다.

현재 궁중떡볶이는 고기와 채소의 단가 문제로 시중의 저렴한 분식점에서 접하기 어렵고, 한정식집이나 고급 식당에 가야만 맛볼 수 있다. 오늘날 우리가 즐겨 먹는 떡볶이는 1953년 신당동 떡볶이로 유명한 '마복림' 할머니가 고추장 떡볶이를 고안하여 만들었다. 할머니는 중국집에서 양념에 버무려진 떡 요리를 먹다가 떡과 고추장을 함께 볶으면 맛있겠다는 생각을 했다고 한다. 2011년, 91세로 별세하신 마복림 할머니 덕분에 전국의 많은 분식집이 호황을 누리고 있다.

요리하다 보면 아내와 자식들, 특히 애들이 잘 먹는 음식을 자주 만들게 된다. 식성이 좋아 뭐든 잘 먹지만 떡볶이를 만들어주면 입이 귀에 걸릴 정도로 좋아했다. 물론 나도 떡볶이를 누구 못지않게 좋아한다.

마트에서 떡볶이용 가래떡과 사각 어묵, 메추리 알을 사 와, 팔팔 끓는 물에 데쳐 생산과정에서 묻어 있는 기름을 제거한다. 고추장과 고춧가루와 설탕을 2:1:1의 비율로 생수에 풀어 양념장을 만든다. 양배추와 대파, 고추를 썰어 두고 마늘도 다져 놓는다. 식용유를 두른 프라이팬에 마늘을 볶은 다음, 만들어 놓은 육수를 적당하게 붓고 모든 재료를 투하하여 끓인다. 저으면서 불을 조절하고, 싱거우면 소금과 고추를, 짜거나 매우면 설탕과 물로 간을 맞추면 된다.

모든 음식은 양념이 중요하다. 양념 맛에 따라 음식의 호불호가 달라진다. 떡볶이 양념은 매운맛과 약간의 단맛이 어우러져야 하고, 국물은 탕과 조림의 중간 정도로 자작자작하게 끓여야 한다. 떡볶이 국물이 맛있으면 밥이나 라면, 사리를 넣어 비벼 먹을 수도 있다. 애들이 땀을 흘리며 밥까지 넣어 비벼 먹는 모습을 보면 힘들게 요리를 만든 보람을 느끼면서 기분도 좋다. 속웃음을 웃으며 다음에는 더 맛있게 만들어야겠다고 생각한다.

다른 음식처럼 떡볶이도 계속 진화하면서 그 종류가 다양해지고 있다. 종이컵에 담아서 먹기 쉽게 만든 컵볶이, 육수를 부은 뒤 양념하여 국물이 넉넉하게 만드는 국물떡볶이, 라면과 떡 채소 어묵 따위를 넣고 양념을 하여 볶은 라볶이, 짜장밥처럼 밥 위에 올려 먹는 떡볶이덮밥, 분식집에서 직접 만들어 먹는 즉석떡볶이가 있고, 넣는 재료에 따라 카레떡볶이 치즈떡볶이 짜장떡볶이 해물떡볶이 등으로 변신을 시도하고 있다. 누구든 현재 위치에 만족하지 않고 자신의 발전을 위해 지속적인 노력을 해야만 살아남을 수 있다. 급변하는 세상에 변화는 필수다.

간식거리 종류가 다양하지만, 떡볶이는 남녀노소 누구나 좋아하는 음식이다. 라면과 순대, 만두와 튀김과 함께 먹어도 맛있고 저렴하게 한 끼를 해결할 수 있다. 밥반찬으로, 아이들 간식으로,

어른들의 술안주로 적당하다는 놀라운 범용성 덕분에 한국 식문화, 특히 분식 문화에서는 라면과 함께 국민 간식으로 확고한 위치를 차지하고 있다. 친구를 만나 시장 근처 분식집에 가서 떡볶이와 어묵을 안주 삼아 간단하게 소주를 마시면 가격이 저렴하면서 포만감을 느낄 수 있어 만족한다.

떡볶이는 매콤달콤한 특별한 맛 때문에 다른 음식과 함께 먹어도 잘 어울린다. 우리도 어딜 가든 자신의 색깔을 분명하게 드러내면서 생각이 다른 상대방과 어울리려고 노력해야 한다. 물에 물 탄 듯 술에 술 탄 듯, 생각이나 행동을 분명하게 하지 않고, 타인의 의견을 무조건 반대만 한다면 사회에 적응하기 힘들다는 것은 자명한 일이다.

주말에 따로 사는 애들이 집으로 오면, 간만에 떡볶이를 만들어주어야겠다. 애들이 맛있게 먹을 것을 생각하니 벌써 기분이 좋아진다.

시락국 한 그릇

날씨가 돈이다. 비나 눈이 오면 손님이 뜸하다. 덥거나 추우면 사람들은 마트에 가거나 인터넷으로 물건을 구매한다. 그래도 시장 사람들은 사시사철 문을 연다. 가게의 물건을 사기 위해 낯선 손님이나 단골이 올지도 모른다는 생각에 하루도 쉴 수 없다. 무엇보다 가족의 생계를 위해 한 푼이라도 더 벌어야 한다. 날씨가 맑고 따뜻하기만을 천지신명께 기원한다.

사람들은 필요한 물건을 구매하거나 한 끼 식사를 해결할 목적으로 시장에 간다. 바쁘게 사는 시장 상인들을 보고 지나간 삶을 반성하거나 새로운 희망을 찾기 위해 시장에 가는 사람도 있다. 몇몇 사람은 시장의 색다른 풍경과 상인들의 특별한 표정을 스케치하거나 카메라에 담기 위해 가기도 한다.

퇴직한 후, 몇 안 되는 식구들의 먹거리를 마련하기 위해 가까운 시장에 자주 들렀다. 이것저것 구경하면서 찬거리를 장만하고 시락국으로 요기를 해결할 때도 있었다. 시락국은 시장에서 쉽게 구할 수 있는 무청이나 우거지를 주재료로 사용하기 때문에 가격이 저렴하다. 힘들게 생활하는 서민들이나 해장국을 마셔야 하는 술꾼들이 부담 없이 먹을 수 있는 음식이다.

나는 시락국을 싫어했다. 내가 중학교 다닐 때부터 어머니는 청과물시장에서 과일 장사를 하셨다. 시간이 가면서 어머니는 친구처럼 지내는 상인들을 많이 만났다. 가게를 마치는 저녁 시간에 맞추어 시장에 가끔 내려갔다. 어머니를 도와드려야겠다는 생각도 있었지만 급하게 용돈이 필요할 때 더 많이 내려갔던 것 같다.

크고 두꺼운 천이나 담요로 팔던 과일을 덮은 후, 어머니는 친구들과 함께 서로의 애환과 설움을 토로하기 위해 대폿집으로 향했다. 술집 안에서 기다리기도 했지만, 밖에서 기다릴 때도 있었다. 기다림은 지루하고 짜증 나는 시간이다.

인적이 드문 시장 주변을 몇 바퀴 돌면서 술집 문을 빼꼼히 열어보곤 했다. 그럴 때마다 어머니는 막걸리를 마시며, 안으로 들어오라는 손짓만 계속했다. 아직 더 기다려야 한다는 생각에 구시렁구시렁 화를 내면서 죄 없는 돌멩이만 걷어찼다. 상품 가치가 떨어져 버려진 채소와 과일 더미에서 풍겨오는 이상한 냄새는 머리를 아프게 만들었다. 시장 근처 바다에서 들려오는 서글픈

뱃고동 소리를 들으며 다시는 시장에 내려오지 않겠다는 생각도 했었다.

한참 후, 얼굴이 불콰하게 물든 어머니는 배추 우거지를 한 봉지 들고나오셨다. 나는 지금까지 참았던 화가 치밀어 올랐으나 기가 막혀 말이 나오지 않았다. 우리가 아무리 가난하게 살더라도 어떻게 다른 사람이 주워가는 시래기를 뭐 때문에 얻어오는지 도저히 이해할 수 없었다. 30분 넘게 집으로 걸어가는 내내 뒤따라오는 어머니를 한 번도 돌아보지 않았고, 방으로 들어가 이불을 뒤집어썼다. 친구들처럼 부잣집이 아닌 하필 이런 집안에서 태어난 것을 원망했다.

며칠 후, 아침 밥상에 김이 모락모락 나는 시락국이 올라왔다. 구뜰한 냄새의 유혹에 숟가락을 들었지만 다른 사람이 주워가는 쓰레기 같은 우거지를 얻어 와 끓인 국이라는 생각에 가슴이 울컥하면서 눈물이 글썽거렸다. 숟가락을 놓고 도시락을 챙겨 가방에 넣었다.

"시락국 한 그릇 먹고 가지."

"그런 쓰레기 국 안 먹어요."

배에서 들려오는 꼬르륵 소리를 들으며 학교에 걸어갔다. 시락국을 먹고 가라는 어머니의 말씀이 자꾸 생각났다. 방탕한 생활을 하는 아버지 때문에 어머니가 시장에서 장사하며 고생한다는 사실은 백번 인정할 수 있다. 그래도 어머니가 싫었고 다시는 시락국을 쳐다보지도 않겠다고 다짐했다.

청바지와 통기타를 좋아했던 7·80년대 대학생들의 화두는 민주주의와 독재정권이었다. 적극적으로 민주화운동에 참여해야겠다는 용기는 없었으나 마음만은 누구 못지않았다. 하루의 마침표를 찍기 위해 허름한 골목의 포장집에 친구들이 모이면 모두가 민주투사인 양 열변을 토하며 시락국을 안주 삼아 술잔을 높이 들었다. 우물 안에서 함성을 지르는 격이었지만 그렇게라도 떠들어서 시위대에 참여하지 못한 자신을 위안하고 나라를 바르게 세워야 한다는 청춘의 의무를 이행하고 싶었을 것이다.

우리의 생각을 이해하고 격려해주는 어르신은 포장집 할머니밖에 없었다. 할머니는 우리를 빨갱이로 취급하지 않았고 늘 가난하고 배고픈 학생들을 위해 맛있는 시락국과 아삭한 무김치를 무한정 제공해 주셨다. 할머니의 따뜻한 정으로 얼어붙었던 우리의 마음은 조금이나마 풀렸고 내일은 오늘보다 좋아질 거라는 희망도 볼 수 있었다.

막걸리를 마시고 시락국을 떠먹다가 몸이 흠칫 굳어 버렸다. 내가 그렇게 싫어하던 시락국을 두 그릇째 먹고 있었다. 민주화가 뭔지도 모르고 시장에서 장사만 열심히 하고 계시는 어머니의 얼굴이 떠올랐다. 가슴에 북받쳐 오르는 감정을 억누르며 조용히 밖으로 나왔다.

땅에 묻은 배추 씨앗은 푸른 싹으로 바뀌면서 세상 밖으로 나온다. 그 싹은 모진 비바람을 견디고 성장하면서 배추의 모양과 속잎을 계속 만들어 낸다. 그러면서 밖으로 밖으로만 밀려 겉잎이 된다. 겉잎은 속잎을 키우고 보호하는 희생만 하다가 늙고 병들어 우거지란 이름으로 버려진다. 오직 자식들을 위해 살아가는 어머니도 우거지와 같은 신세다. 그런 어머니의 마음을 모르고 철부지 같은 행동을 했던 스스로가 부끄럽고 원망스러울 뿐이었다.

얼마 전, 찬거리를 구매하기 위해 차를 몰고 시장에 갔다. 양파 한 망을 사려고 채소 가게에 들렀다. 양파를 고르면서 주인이 한쪽 귀퉁이에 모아둔 싱싱한 우거지가 이상하게 자꾸 눈에 들어왔다. 양파 대금을 계산하면서 우거지를 조금만 팔 수 있는지를 물었다. 주인아주머니는 말이 떨어지기 무섭게 검은 비닐봉지에 우거지를 꾹꾹 눌러 담아주면서 버릴 거라며 그냥 가져가라고 했다. 고맙다는 인사를 몇 번이나 하고 짐을 챙겨 주차장으로 향했다.

시동을 거는 순간 자동차의 보닛 앞에 어머니가 환하게 웃고 계셨다. 두 손으로 얼굴을 가린 채 등받이에 기대어 한참의 시간을 보냈다.

다음번 어머니 제사상에는 내가 끓인 시락국 한 그릇과 함께 막걸리를 올려야겠다.

한 남자의 다짐

신선대 공원의 정상에 올라 태종대와 오륙도의 풍경을 감상한다. 눈앞의 부산항 부두에 바쁘게 드나드는 컨테이너선을 바라보며 나만 한가한지도 모르겠다는 생각을 해본다. 40분 정도의 산책을 마치고 공원 입구 주차장으로 내려왔다.

그늘진 나무 아래서 50대로 보이는 아주머니가 잘 다듬은 상추와 쪽파, 고추를 팔고 있다. 가까이 다가가니 아주머니가 미소를 짓는다. 근처에서 농사지은 거라 싱싱하고 싸다며 사 가라고 권한다. 갑자기 고민이 생긴다. 이 채소를 사 가면 아내에게 칭찬을 들을까, 잔소리를 들을까. 몇 년 전, 한잔 마시고 집으로 가다가 트럭에서 파는 사과 한 봉지를 사 갔더니 맛있다며 좋아했는데, 파인애플을 사 갔을 때는 잔소리를 엄청 들었던 기억이 아직도 생생하다.

최근에 가뭄과 장마가 이어지면서 채소 가격이 고공행진 중이다. TV 뉴스에서는 상추를 '金상추'나 '金추'라고 표현한다. 조금 사 가서, 냉장고에 있는 삼겹살을 구워 상추에 싸 먹고, 쪽파는 김치를 담아 먹자고 하면 아내가 좋아할 거라는 확신이 들었다. 작은 플라스틱 대야에 담긴 상추 2천 원, 쪽파 3천 원어치를 사며, "요즘, 농사짓기 힘들죠?"라는 위로의 말을 했다. 아주머니는 까만 비닐봉지에 약간의 상추와 쪽파를 덤으로 넣어주었다. 차를 몰고 집으로 가던 중, 라디오에서 흘러나오는 제목도 모르는 노래가 유쾌하게 들려왔다.

현관문을 열고 들어서자 아내가 손에 든 봉지를 보며 뭐냐고 물었다. 선물을 주듯 건네주며 자초지종을 말했다. 아내는 빙긋이 웃으며 봉지를 주방으로 들고 가, 상추와 쪽파를 싱크대에 부었다. 채소의 상태를 요리조리 살펴보던 아내가 다급한 목소리로 나를 불렀다. 뭔가 잘못됐다는 불안한 마음으로 허겁지겁 달려갔다.

"왜, 이런 걸 샀어요?" 아내의 불만스러운 말투에 나는 눈을 크게 뜨고 상추와 쪽파를 이리저리 뒤져보며 깜짝 놀랐다. 짓물러지거나 상한 채소가 삼분지 일 정도 되었다. 분명히 싱싱하고 멀쩡했는데 귀신이 곡할 노릇이었다. 아뿔싸! 대야에 보기 좋게 담긴 채소 다발 안쪽을 살펴보지 않은 게 문제였다. 쩨쩨하고 자존심 상해서 그런 것까지 일일이 확인하지 못했다. 아주머니의 미소에 현혹되어 필요하지도 급하지도 않은 물건을 아무 생각 없이 덥석 사버린 남자가 더 큰 문제다. 공원 주변에는 채소를 심어, 팔

정도의 밭이 없다는 사실도 그제야 생각났다.

“성한 거만 골라, 겉절이를 무쳐 먹읍시다.”라는 아내의 말에 고개만 끄덕거렸다. 저녁 식사를 하며 아내가 만든 상추와 쪽파 겉절이를 열심히 먹었다. 식탁에서 빨리 없애 버리고 싶었다. 아내도 맛있게 먹으며 나의 실수를 더는 언급하지 않았다. 이제 아내도 나이가 들어 이러쿵저러쿵하기가 싫은 모양이다. 걱정스러웠던 마음이 평온을 되찾았다.

잠을 기다리며 하루를 되짚어 보다가 과거의 아픈 기억까지 떠오른다. 오래전, 외판원을 하는 고교 후배에게 20만 원 상당의 가곡 카세트테이프 세트를 2년 할부로 구매했다가 제대로 듣지도 않고 창고에 넣어두었던 일, 직원들과 단체 여행을 갔다가 판매자의 말만 믿고 건강식품을 덥석 샀다가 먹지도 않고 버렸던 경험, 일확천금을 노리고 은행에 빚까지 내서 주식에 투자했다가 깡통 계좌가 된 사건들이 파노라마처럼 지나간다.

이러한 일련의 사건들은 혼자만의 생각과 판단으로 결정한 일이다. 아내와 상의도 없이, 괜히 남자답게 보이려고 허세를 부리며 마음대로 행동했었다. 집안 형편과 살림에 관한 일은 나보다 아내가 훨씬 더 많이 알고 능숙하다. 이제 남자라고, 가장이라고 으스대며 잘난 체할 나이도 지났다. 무슨 일이든 함께 의논해야 한다.

오늘은 지나갔고 내일부터 잘하자고 다짐해 본다.

나의 주치의

■

형제들 모두 술을 잘 마신다. 술을 좋아하던 아버지와 약주를 즐겼던 어머니의 식성을 그대로 이어받았다. 매형과 형수, 아내는 술을 못 마신다. 여섯 명의 조카들과 두 명의 아들은 술을 좋아하지 않아, 누나와 형, 나에게 술 좀 적게 먹으라는 볼멘소리를 자주 한다. '멘델의 유전 법칙'에 따라 우성과 열성을 따져보기는 힘들지만 내가 애주가라는 사실은 확실하다.

술을 좋아하지만, 특별하게 해장국을 찾지는 않는다. 힘차게 건배를 하며 첫 잔을 비운다. 화기애애해진 분위기에서 안주를 맛있게 먹으며 평소보다 대화를 많이 나눈다. 좌석이 끝날 때까지 서로를 격려하고 다독거리다 보면 얼굴 붉힐 일도 없고 빨리 취하지도 않는다. 진정한 애주가는 술을 애인처럼 애지중지 아끼고, 술의 필요성과 고마움을 아는 술꾼이다. 가끔 과음하고 아침에 일어나, 전날 술을 제법 마셨는데 왜 나의 몸에는 이상이 없는지 자문해 본다. 타고난 체질도 있지만, 평소에 먹는 음식이 중요하다는 생각을 한다.

'음식飮食'은 한자 뜻 그대로 사람이 마시고 먹는 것을 통틀어 이르는 말이다. '음식의 역사는 곧 인류의 역사다.'라는 말이 있듯이 남녀노소, 빈부귀천 구별 없이 누구나 먹어야 한다. 먹고 살기 위해 전쟁도 감수한다. 음식의 종류는 수없이 많고, 요리 방법은 천차만별이고, 선호하는 음식도 사람의 입맛에 따라 제각각이다. 어떤 음식을 먹느냐에 따라 개인의 몸과 마음, 생각이 달라질 수 있다. 나는 지금까지 어떤 음식을 먹고 살아왔는지 되새김해 본다.

고향이 인삼으로 잘 알려진 충남 금산이다. 우리 집은 방앗간과 인삼밭을 소유한 부자였으나, 내가 태어났을 땐 허름한 집 한 채뿐이었다. 아버지는 여전히 과거의 환상에 묶여있었고 어머니는 빈곤을 이겨내려고 품팔이를 하셨다. 가난해도 인삼은 많이 먹었다. 어머니가 품삯으로 받은 인삼 뿌리를 반찬으로 해주었고, 주워 먹고 얻어먹을 수 있는 게 흔해 빠진 인삼밖에 없었다. 허기를 면하려고 동네 형들과 함께 미꾸라지와 개구리, 참새와 메뚜기를 잡아먹었다. 살기 위해 무엇이든 먹어야 했다.

갑작스레 따뜻한 남쪽 도시로 이사를 했다. 가족을 건사하기 위해 전국을 돌며 인삼 행상을 하던 어머니가 인심이 좋다는 경남 마산에 정착하셨다. 어머니는 노점에서 고구마와 감자, 연뿌리와 갯고둥을 삶아 파셨다. 우리 집 형편은 어려웠으나 굶주리지는 않았다. 팔던 음식의 때깔이나 모양이 변한 것, 팔다가 남은 것은 가족들이 먹어 치워야만 했다. 그때는 그런 음식을 먹는 게 지겨웠는데, 지금 생각하니 몸에 좋은 영양식을 많이 먹었다는 생각이 든다.

어머니는 타고난 장사꾼이셨다. 내가 중학교 다닐 무렵, 어머니가 시장으로 내려가 과일 장사를 시작하면서부터 남에게 아쉬운 소리는 하지 않았다. 과일 집 아들은 사시사철 나는 과일을 실컷 먹는다. 흠집이 생겼거나 벌레가 먹은 자국이 있거나 수분이 빠져 쪼그라진 사과와 배, 포도와 밀감, 등을 원도 한도 없이 먹었다. 탐스럽고 때깔 좋은 온전한 과일을 먹고 싶을 때도 있었지만 흠이 있는 과일이 더 맛있을 거라고 위안하며 아무런 불만 없이 먹었다.

군대에서 짬밥과 건빵이 기본 식량이지만 가끔 특별한 음식을 접할 때도 있다. 졸병 때, 양고기가 자주 나와 얼음을 깨고 십여 개의 플라스틱 식판을 닦으며 손이 얼어 터진 적도 있다. 가끔 가마솥에 끓여 나오는 푹 퍼진 라면은 별미였다. 시골 출신 병사들이 야산에서 잡은 뱀과 꿩, 토끼를 벙커에 숨어 몰래 요리해 먹을 때는 몸보신한다는 생각까지 들었다. 국군의날이나 크리스마스

이브에 나오는 특식, '종합선물세트'를 받으면 비스킷과 초콜릿, 젤리를 한꺼번에 먹을 수 있어 참 좋았다. 그때는 무엇이든 다 맛있었다.

직장생활하면서 나의 몸에 많은 영향을 끼친 동료를 만났다. 친구처럼 지내던 '김 선생'은 미식가이면서 음식 솜씨가 요리사 못지않았다. 방학 때마다 그의 부모가 계시는 청도군 운문면에 가면, 그는 옻닭이나 염소탕, 추어탕, 다슬기탕을 직접 끓여주었다. 그의 부친이 농사지은 대추와 감, 두릅과 오디도 해마다 얻어먹었다. 게다가 그는 생선회를 무척 좋아했다. 나는 회를 그다지 좋아하지 않았으나 20년 넘게 그와 함께 술을 마신 결과, 지금은 안주 중에서 회를 1번으로 꼽는다.

지금까지 건강을 유지할 수 있었던 가장 큰 비결은 처가가 농사짓는 시골이라는 것이다. 된장과 고추장, 갖은 양념과 김치는 물론이고 각종 나물까지 장인 장모님이 농사지은 신토불이 음식을 기본으로 먹고 있다. 결혼한 지 40년이 넘었지만, 도라지와 더덕, 매실과 돌복숭, 등의 담금주가 한 번도 떨어지지 않았다. 심지어 마시는 물도 오가피와 헛개나무, 엄나무와 둥굴레, 등의 약재를 넣어 끓여 먹고 있으니 별도의 건강 보조식품이 필요 없다. 이제 처가는 농사를 짓지 않는다. 큰 걱정이다.

TV마다 요리 관련 프로그램을 앞다투어 방영한다. 가끔 치즈 비빔밥, 라이스 피자, 명란젓 파스타, 카레 빵, 등과 같은 퓨전식이 소개되기도 한다. 세계화 추세에 따라 식생활에도 많은 변화가 일어나고 있지만, 음식은 맛과 건강이 중요하다는 사실은 바뀔 수 없다. 가격도 빼놓을 수 없는 요소다. 다년간 직접 요리를 해 본 경험에 의하면 가격대비 맛과 영양이 풍부한 먹거리는 제철 음식이다. 싸고 신선한 제철 음식이 자신의 체질에 맞으면 그 음식이 바로 약선음식이다.

아직 나에게는 모든 음식이 약이다. 조금 아픈 곳이 있어도 병원에 가지 않는다. 병원에 자주 다니는 아내는 건강한 사람이 한번 쓰러지면 다시 못 일어나는 경우가 많다며, "무병단명, 유병장수"라는 말까지 덧붙인다. 피식 웃고 넘어간다. 하루아침에 식습관을 바꾸기는 어렵다. 나의 입맛과 몸이 허락하는 한 친구들을 만나 술잔을 기울이며 살아가는 이야기를 나누고 싶다.

튼튼한 체질을 물려준 부모님, 보약 같은 음식을 만들어준 아내, 즐겁게 술좌석을 함께한 모든 분에게 감사한 마음이다. 그들은 어떤 명의보다 확실한 나의 주치의다.

제3부

맛의 시작은 정성과 사랑이다

특식

■

예순다섯 번째 생일이다. 식탁에는 미역국을 필두로 나물과 고기반찬이 가득하다. 가족 행사나 각종 모임으로 외식하는 날이 많아 기념일의 의미도 많이 희석되었지만, 연중 아내가 챙겨주는 유일한 특식이다. 특식은 특별히 잘 차려진 식사를 의미한다. 꼭 생일상처럼 거창하지 않더라도 즐겁고 맛있게 먹을 수 있으면 그 음식이 바로 특식이다. 기억 속에 오래 남아 있는, 다시 먹고 싶은 음식을 반추해 본다.

누나의 어묵볶음

50여 년 전, 모두가 어렵게 살 때다. 배에서 꼬르륵 소리가 나는데 어머니는 장사한다고 바쁘고, 집에는 먹을 게 별로 없었다.

인근에 사는 누나 집으로 갔다. 누나가 급하게 계란국과 어묵볶음을 만들어 밥을 차려주었다. 매콤하고 칼칼한 어묵볶음이 너무 맛있어 게 눈 감추듯 순식간에 밥그릇을 비운 적이 있다.

어묵에 간장이나 고추장, 참기름, 등의 양념을 넣어 볶은 음식이 어묵볶음이다. 마트에 가면 다양한 형태의 어묵이 전시되어 있지만, 옛날에는 네모 모양만 있는 줄 알았다. 지금은 어디서든 쉽게 먹을 수 있으나 그 시절에는 귀한 음식이었다.

가끔 누나의 어묵볶음이 생각나 직접 만들거나, 여러 음식점에서 밑반찬으로 나오는 것을 먹어보았지만, 그 맛은 나지 않는다. 누나의 음식 솜씨가 좋은 편이기는 하지만 힘들고 어렵게 살던 시절에는 뭐든지 다 맛있었다.

뒷골목 뒷고기

제대하고 대학에 복학했다. 가정 형편이 어려워 휴학하고 공장에 다니는 같은 학과 친구를 만났다. 친구는 나를 회사 인근의 뒷골목으로 데리고 갔다. 골목으로 들어서자 뒷고기 식당에서 나오는 연기와 고기 굽는 냄새가 눈과 코를 자극했다. 적잖은 노동자들이 허기를 달래며 술잔을 기울이고 있었다. 빈자리에 앉았다.

뒷고기는 돼지고기를 디리, 등심, 갈비 등으로 나누는 과정에서 어느 부위로도 분류할 수 없는 자투리 고기를 말한다. 여기서 나온 잡다한 고기를 구워 먹기 시작한 것이 뒷고기의 유래다. 어원은 '뒤로 나가는 고기', 즉 정식 판매하지 않는 고기라는 뜻이고, 원조는 인근에 도축장이 있는 경남 김해로 알려져 있다.

지금은 뒷고기를 인터넷으로도 구매할 수 있지만, 당시에는 이상하면서도 귀한 고기였다. 고기 생김새가 울퉁불퉁하고 두꺼워 부담스러워 보였으나 삼겹살과 다른 감칠맛과 쫄깃함이 느껴졌다. 싼 맛에 부담 없이 먹을 수 있어 힘들게 일하는 노동자들에게 적합한 건강식품이라는 생각이 들었다. 친구와 살아가는 이야기를 나누며 소주 네댓 병을 비웠다. 그 식당이 있던 자리에는 아파트가 들어섰고 친구는 어디로 떠났는지 연락도 없다. 어둡고 시끌벅적한 뒷골목 식당에서 친구를 다시 만나 소주잔을 부딪치며 뒷고기를 씹고 싶다.

고향의 어탕국수

어릴 때, 고향인 충남 금산에서 경남 마산으로 이사를 왔다. 결혼하고 50대 초반까지 이삼 년 주기로 고향에 벌초하러 갔었다. 서너 시간 동안 유유히 흐르는 금강을 바라보며 조상들의 무덤을 깨끗하게 손질하고 나면 허기와 피로가 몰려왔다. 사촌들을 따라 어탕국수를 먹으러 갔다.

어탕국수는 어죽에 국수를 넣어 먹는 음식이다. 어죽은 강이나 개울에서 잡은 민물고기를 솥에 넣어 삶은 다음 뼈를 추려 내고, 각종 채소와 양념을 넣고 다시 푹 끓이는 음식이다. 솥에 들어가는 고기의 종류와 양념에 따라 맛이 결정된다. 어죽에 미리 삶아 놓은 국수를 넣고 한소끔 끓여주면 어탕국수가 완성된다.

십여 년 전, 조부모님들의 묘소는 파묘破墓와 화장을 하여 선산에 뿌려졌고, 부모님들은 창원의 공원묘지에 안장되어 있어 고향에 갈 일이 없어졌다. 가끔 땀을 흘리며 힘든 노동을 하면 단백질과 칼슘이 풍부한 보양식, 걸쭉해서 쉽게 먹을 수 있는 어탕국수가 생각난다. 장어탕을 맛있게 끓여 국수를 넣어 먹어보았지만, 그 맛은 나지 않았다. TV의 음식 관련 프로그램에서 어탕국수가 건강식이라고 소개되면 침만 꼴깍꼴깍 삼킨다.

민물고기 추어탕

직장동료 중에 경북 청도 출신이 있었다. 다른 동료 몇 명과 함께 방학 때마다 청도에 가면, 그는 시골에서만 맛볼 수 있는 여러 가지 요리를 해 주었다. 그중 가장 기억에 남는 음식은 추어탕이다. 운문천이나 청도천에 함께 가서 미꾸라지와 꺽지, 메기와 망태 같은 민물고기를 잡았다. 그는 잡은 민물고기를 가마솥에 푹 고아 거른 후, 삶은 배추 잎 등의 시래기와 양념을 곁들여 청도식 추어탕을 끓여주었다.

청도식 추어탕은 '민물고기 추어탕'이라고도 부른다. 미꾸라지만 넣고 끓이는 일반 추어탕鰍魚湯은 '미꾸라지 鰍'를 쓰지만, 민물고기 추어탕秋魚湯은 '가을 秋'를 쓴다. 미꾸라지가 귀해지면서 새롭게 탄생한 음식이지만 오히려 국물이 맑고 더 시원한 맛을 낸다. 청도를 방문한 여행객들이 역전 근처에 몰려 있는 추어탕 식당을 많이 찾는다고 하다.

추어탕을 직접 만들기는 어렵지만, 서민들이 쉽게 접할 수 있는 음식이다. 가끔 시장에 가서 일반 추어탕을 사 먹으면 청도의 '민물고기 추어탕'이 생각난다. 맛도 맛이지만 함께 고기를 잡고 장작불을 때던 시간은 잊을 수 없는 추억이다. 나이가 들면서 멀리 있는 옛 친구와 소원해진 이유는 나의 망설임과 게으름 때문일 것이다.

매운 닭발

명퇴하고 친구가 사장인 대형 팬시점에서 점장으로 일한 적이 있다. 사장은 직원들과 아르바이트생들의 사기를 북돋우기 위해 가끔 회식 자리를 마련했다. 두 명의 여직원과 알바를 하는 네 명의 여대생들은 한목소리로 '매운 닭발'을 먹으러 가자고 아우성이었다. 여덟 명이 함께 닭발집에 갔다. 나는 처음 가는 닭발집에 들어서면서 눈이 휘둥그레졌다. 웬 여자들이 그리 많은지. 손님 중 7할 이상이 여성들이었다.

닭의 발목 아랫부분을 깨끗하게 씻어 매운 양념에 재운 후, 볶아 먹는 요리가 '매운 닭발'이다. 닭발은 뼈가 얇은 연골이기 때문에 쉽게 씹히고, 껍질에는 콜라겐 성분의 단백질이 붙어 있어 쫀

득쫀득한 식감을 느낀다. 콜라겐이 피부 노화와 탈모, 관절염을 예방하는 효과가 있다고 알려지면서 여성들이 닭발을 많이 찾는다고 한다.

나는 매운 음식을 먹기는 하지만 땀을 많이 흘린다. 닭발이 너무 매워 서너 개밖에 먹을 수 없었다. 기본 반찬으로 나온 무와 나물을 안주 삼아 소주를 몇 잔 마셨다. 함께 간 젊은 여성들은 맛있다며 소주 한 잔에 닭발 하나씩 뜯어 먹고, 추가 주문을 했다. 매운 닭발이 나에게는 큰 의미가 없었지만, 여직원과 알바생들에게는 특식이었을 것이다. 가족이나 친구, 직원들이 맛있게 먹는 모습을 보는 것도 큰 기쁨이고 행복이다. 그 가게 앞을 지날 때면 그 날이 생각난다.

통영의 도다리쑥국

2월 말에 통영에 자주 갔었다. 봄을 의미하는 양력 3월을 맞이하기 위한 친구들과의 연중행사 중 하나였다. 자주 방문했던 통영에 특별히 갈만한 목적지는 없지만 2월에만 맛볼 수 있는 음식, '도다리쑥국'을 먹기 위해서였다. 친구들과 중앙시장 근처에서 싱싱한 해산물을 안주 삼아 먹으며 회포를 풀고, 다음날 해장으로 먹는 도다리쑥국은 천하 일미다.

제주도에서 겨울을 난 후, 통영 앞바다로 올라오는 봄철의 도다리는 살이 통통하여 맛이 좋다. 욕지도와 사량도, 한산도, 등의 남해안 섬에서 자란 자연산 해쑥은 해풍을 맞고 자라 미네랄이 풍부하고 질이 좋은 봄나물이다. 봄철 건강식품으로 자리 잡은 통영의 도다리쑥국은 담백하고 시원한 맛이 나며, 쑥이 생선의 비린내를 잡아주어 향긋함을 더해준다. 도다리와 쑥의 만남은 바다와 섬이 선택한 최상의 조합이다.

이제 모두 나이가 들면서 만나기는커녕 그 흔한 카톡조차 없다. 통영의 도다리쑥국이 생각나면 재료를 사 와, 집에서 만들어 보기도 하고, 시내 식당에서 사 먹어도 보았으나 그 맛은 나지 않는다. 여행은 혼자 가야 느낌이 있지만, 음식은 함께 먹어야 의미가 더 깊어진다. 내년 2월에는 문우들과 함께 통영에 한 번 다녀와야겠다.

TV의 요리 관련 프로그램 진행자와 출연자들은 요리사가 만든 음식이 하나같이 맛있다고 말하며 감탄하는 표정을 짓는다. 가끔 '정말, 맛있을까?'라는 의문이 들기도 한다. 음식은 본연의 맛도 중요하지만 어떤 상황에서, 누구랑 먹느냐에 따라 호불호가 갈라진다. 누군가의 정성이 깃든 음식에 즐겁고 맛있게 먹으려는 마음이 더해지면 그 음식이 특식이라는 생각을 해본다.

해감

■

TV에서 갯벌의 먹거리 체험과 관련된 방송을 한다. 벌교에 여행 가서 다양한 꼬막 요리를 먹었던 기억이 떠오른다. 전국에서 생산되는 꼬막 중 벌교산이 최고로 대접받는다. 인근 고흥반도와 여수반도가 감싸는 벌교 앞바다의 여자만汝自灣 갯벌은 모래가 섞이지 않고 오염도 되지 않아 꼬막 서식지로는 최적이라고 한다. 여자만의 갯벌은 생명의 땅이고, 꼬막은 생존을 위한 식량이다.

오래전부터 꼬막 채취는 여자들의 몫이다. 길이 2m, 폭 50㎝ 정도의 널빤지로 만든 널배를 타고 갯벌을 샅샅이 훑어야 한다. 배라고는 하지만 동력이 없어 갯벌에서만 사용할 수 있는 일종의 갯벌용 스키라고 할 수 있다. 왼쪽 무릎을 꿇은 채 널배 위에 올려진 플라스틱 양동이에 가슴을 기대고 엎드려 작업한다. 오른발로 갯벌을 밀어 이동하면서 양손으로 꼬막을 캐내어 그물망에 담는다. 갯벌에서 이동하는 모습을 멀리서 보면 마치 활주로 위에서 천천히 움직이는 경비행기처럼 보인다.

꼬막 요리를 할 때 가장 중요한 것 중 하나가 해감이다. 해감은 흙과 유기물이 바닷물에 썩어 생기는 냄새나는 찌꺼기나 그것을 뱉어내게 하는 과정을 말한다. 꼬막의 이물질을 제거하는 방법은 개인마다 약간의 차이는 있으나 소금물에 담가 검은 비닐봉지로 덮어준 후, 서너 시간이 지난 다음 끓는 물에 데치는 게 일반적이다. 꼬막이 자연스럽게 찌꺼기를 토해내도록 하고 먹기 좋게 익히기 위해서다. 알맞은 시간과 화력으로 해감을 깔끔하게 잘해야만 통통하고 쫄깃한 꼬막의 식감을 즐길 수 있다.

꼬막 속에는 살과 이물질만 있는 게 아니라 꼬막을 채취한 여인네들의 응어리도 스며들어 있다. 시집을 오자마자 갯벌로 나가 칼바람을 맞으며 몇 시간을 널배에 엎드려 작업하는 고통, 나는 힘들어도 자식들은 성공해서 잘 살아야 한다는 어머니의 마음, 더 따뜻하고 넓은 집을 장만하기 위한 인내와 끈기가 갯벌과 꼬막 속에 배어 있다. 그 여인네들의 멍울을 풀어주기 위해서는 고사를 지내듯 정성을 다해 해감해야 한다. 요리할 때 재료의 소중함과 농어민들의 노고를 생각할수록 더 맛깔스럽고 먹음직스러운 음식을 만들 수 있다.

해감과 관련된 음식을 좋아하는 편이다. 큰처남이 사는 하동에 가면 재첩국과 재첩 회무침을, 친구가 농사짓는 청도에 가면 추어탕을, 혼자 점심을 해결하기 위해 중국집에 가면 홍합짬뽕을, 육류보다 조개류가 들어간 된장찌개를 즐겨 먹는다. 애주가의 몸속에 흐르고 있는 알코올 기운에 시원하고 얼큰한 국물을 섞어서 정신적 균형을 잡으려는 본능인지도 모르겠다. 해감이 깔끔하게 되지 않은 음식을 먹으면 종일 몸 상태가 좋지 않고 기분도 왠지 찜찜하다.

해감은 예나 지금이나 빈부귀천을 가리지 않는 중요한 요리 과정이다. 해감을 어설프게 했다가 처벌받은 요리사도 있다. 즐겨 보았던 드라마 「대장금」의 내용과는 달리 수라간의 나인들은 식재료 준비와 수라상 운반 등의 보조업무를 맡았다. 사옹원司饔院의 진귀한 요리는 '숙수熟手'라는 천민 출신의 남자요리사들이 대부분 만들었다. 1903년, 대령숙수들이 만든 홍합 요리를 고종이 먹다가 이가 부러졌다. 그로 인해 네 명의 숙수가 곤장을 심하게 맞았다는 사실이 기록으로 남아 있다고 한다. 일을 더 잘하려고 신경을 쓰다 보면 간혹 실수할 때가 있다.

해감은 조개류가 평소 몸속에 쌓아온 노폐물을 토해내는 과정으로 일종의 '자기정화自己淨化'라고 할 수 있다. 사람들은 외모를 예쁘게 꾸미기 위해 신경을 많이 쓰지만, 마음속에 축적된 앙금이나 응어리 같은 불순물을 제거하여 정신적 안정을 찾으려는 노력은 하지 않는다. 마음이 정화되어야 일상이 편하고 외모도 밝아진다. 어쩌면 해감은 조개류보다 사람에게 더 필요하지 아닐까 생각해본다.

감정의 응어리가 쌓이면 속병으로 남는다. 얼마 되지도 않은 재산 상속 문제로 형과 소원하게 지낸 적이 있다. 어머니가 돌아가시면 유산은 넉넉지 못한 형편으로 병든 어머니를 지극정성으로 모신 형의 몫이라고 생각했었다. 막상 어머니의 임종이 다가오자 나도 똑같은 자식이고 어머니를 위해 할 만큼 했다는 생각으로 재물에 눈이 멀었었다. 장례를 끝내고, 마치 남인 것처럼 형과 옥신각신했다. 냉전의 시간이 두어 달 지나면서 형에게 죄송한 마음이 들었다. 당장 찾아가 사죄하고 싶었으나 용기가 나지 않았다. 시간이 갈수록 근심과 걱정이 쌓이면서 병이 날 것 같았다.

더는 참을 수 없어 밤늦게 형이 사는 동네로 차를 몰고 가 포장집에서 형을 만났다. 형수와 조카들에게 민망스러워 차마 집으로 찾아갈 수 없었다. 떨리는 손으로 형에게 소주잔을 권하며 눈물로 사죄했다. 형은 이해한다며 나의 등을 몇 번 쓸어주었다. 우리 가족이 힘들게 살았던 시절과 부모님에 관한 이야기를 상기시키며 함께 눈시울을 붉히기도 했다. 두 시간 넘게 술을 마신 후 형의 집으로 가서 함께 잠을 잤다. 아침에 형수는 시원한 홍합탕을 끓여주었다. 응어리를 해감하듯 말끔하게 씻어낸 후, 이제 이전처럼 허물없이 잘 지낸다.

요즘 몇몇 사람의 욕심과 야욕으로 가슴에 상처를 입은 사람들에 관한 뉴스를 자주 듣는다. 경찰의 고문에 의한 허위 자백으로 21년간 억울한 옥살이를 한 평범한 시민, 유명 연예인이나 스포츠 선수에게 학창시절 폭행이나 금품갈취를 당했다는 선량한 젊은이, 특별한 이유도 없이 하인이나 머슴처럼 취급받는 아파트 경비원들의 마음속에는 얼마나 많은 응어리가 쌓여있을까. 그 종양은 물질적인 보상이나 수술로 제거되지 않는다. 스스로 토해내고 마음을 정화하기도 매우 힘든 일이고 모든 시간을 원점으로 되돌릴 수도 없다.

우리 사회와 이웃이 그들을 따뜻하게 보듬어주고 토닥거려주어야 한다. 꼬막처럼 완벽하게 해감하기는 어렵더라도 가슴에 맺힌 한을 조금이나마 덜어내 주기를 바라는 마음이다. 해감하는 과정이 개인마다 다르듯 마음속에 사무친 응어리와 앙금을 풀 수 있는 특별한 방법을 각자 나름대로 하나씩 갖고 있으면 좋겠다.

상처를 받고 싶지 않으면 주어서도 안 된다.

고명

■

부글부글 끓는 국수를 건져낸다. 찬물로 목욕재계한 면발은 매콤새콤한 양념장과 격렬하게 몸을 섞어 비빔국수로 재탄생한다. 송송 썬 오이와 고소한 깨소금이 축하의 꽃가루처럼 뿌려진다. 완숙된 달걀 반쪽이 환한 미소를 지으며 깨소금 위에 앉는다. 특별한 대가 없이 최고 상석을 차지한 미안함보다 음식을 예쁘고 맛있게 완성했다는 자신감이 넘쳐흐른다.

'나를 살게 하는 것은 충분한 음식이지, 훌륭한 말이 아니다.'라는 격언처럼 인간의 삶에서 먹는 것은 무엇보다 중요하다. 굶주림에서 벗어나야만 희로애락의 철학을 말할 수 있다. 생활의 여유가 생기면서 '충분한'보다 '맛있는' 먹거리를 원했다. 맛을 돋우는 양념을 획득할 목적으로 유럽에서는 후추로 인한 향료전쟁이

벌어졌고, 여러 국가에서는 소금을 쟁취하기 위해 많은 희생을 감수해야만 했다. 양념은 사람들의 미각을 한층 더 업그레이드시켰고, 색다른 맛을 내기 위해 지금도 계속 진화하고 있다.

맛있는 음식을 만들기 위해서는 양념 못지않게 중요한 고명을 잘 활용해야 한다. 양념이 음식을 조리하는 과정에서 여러 가지 맛을 가미하기 위해 넣는 재료라면, 고명은 시각적 효과에 중점을 두어 완성된 음식 위에 얹거나 뿌리는 재료를 통틀어 이르는 말이다. 고명은 재료의 모양과 색깔, 특성을 잘 활용해야 한다. 번철에 부치거나 생으로 올리기도 하지만, 사각형, 마름모, 꽃 모양, 등으로 잘게 썰거나 가루로 만들어 음식 위에 얹기도 한다.

모든 식재료가 고명이 될 수는 없다. 미나리 파 버섯 지단 실고추 대추 밤 잣가루 깨소금 은행처럼 가공된 색이 아닌 순수한 청靑 백白 적赤 흑黑 황黃의 색깔을 띤 자연의 재료만 고명으로 이용된다. 이 다섯 가지 색을 동서남북과 중앙을 나타내는 '오방색五方色'이라 부른다. 악귀를 몰아내는 오방색은 예로부터 옷이나 장신구, 공예품, 음식을 만드는데 다양하게 이용되었다. 전통요리 전문가들은 오방색이 사람의 신체기관과도 연관되어 있어 음식을 통해 건강을 지키고 질병을 치료할 수 있다는 생각으로 음식의 색조를 맞추는 일을 아주 중요하게 여기고 있다.

'보기 좋은 떡이 먹기도 좋다.'는 속담은 때깔이 고운 음식이 더 맛깔스럽게 보인다는 말이다. 국내외 항공사들이 기내식으로 제공하고 있는 비빔밥을 '화반花飯'이라 부르는 것처럼 음식에 고명이 더해지면 꽃을 올려놓은 느낌을 준다. 정성스럽게 만들어진 음식은 식사 분위기를 우아하게 만들어 사람들의 식욕을 높이기도 한다. 게다가 고명이 올려져 있으면 이 음식은 아무도 손대지 않았다는 표시도 된다. 이런 의미에서 아들만 있는 집안의 곱고 귀한 딸을 '고명딸'이라 부른다.

모처럼 가족이 다 모인 새해 첫날, 떡국을 끓여 먹기로 했다. 시간이 오래 걸리는 고명을 먼저 만든다. 달걀노른자와 흰자를 분리해서 지단을 만들고, 잘게 썬 소고기를 프라이팬에 볶고, 김을 조심스럽게 구워 준비하는 일이 만만치 않다. 조금 힘들고 지루하더라도 가족의 건강을 위해 참고 견뎌야 한다. 완성된 떡국 위에 고명을 정성스럽고 소담스럽게 얹어 식탁에 올린다. 가족들이 환한 표정을 지으며 맛있게 먹는 모습을 보면 말할 수 없는 뿌듯함을 느낀다. 아무리 힘든 일이라도 결과에서 만족과 보람을 느낄 수 있다면 무엇이든 즐겁게 할 수 있다.

내가 먹어 본 비빔밥 중에 가장 맛있었던 음식은 어머니의 비빔밥이다. 차례나 제사를 지낸 후 어머니는 여러 가지 나물과 밥을 커다란 양푼에 넣고, 고추장과 참기름을 섞어 비빈 후 먹고 싶은 희망자를 물었다. 나는 매번 손을 들었다. 잠시 후 어머니는 대접에 가득 담은 비빔밥 위에 먹기 좋게 발라낸 흰 생선 살 몇 점을 고명으로 얹어주었다. 비빔밥의 매콤달콤한 맛과 생선의 짭조름한 맛이 입안을 가득 채우면 밥도둑이 따로 없다는 생각이 들곤 했다. 지금도 집안의 행사가 끝나면 가끔 형수나 아내가 어머니의 비빔밥을 만들어 주지만 옛 맛을 느낄 수 없다.

언젠가 『김소운의 수필 선집』 중에서 「가난한 날의 행복」이란 수필을 읽었다. 그 작품에 나오는 '가난한 신혼부부 이야기'는 아직도 기억에 생생하게 남아 있다.

쌀이 없어 아침을 먹지 못하고 출근한 아내를 위해 실직한 남편은 어렵게 쌀을 구해 점심상을 준비했다. 따뜻한 밥 한 그릇에 반찬은 간장 한 종지밖에 없었다. 남편은 초라한 밥상을 대할 아내를 생각하며 '왕후의 밥, 걸인의 찬'이라 적은 쪽지를 상 위에 올려놓고 외출을 했다. 남편의 마음이 담긴 쪽지를 본 아내는 왕후가 된 것보다 더 가슴 뿌듯한 행복감을 느끼며 즐겁게 식사를 했다.

아내에 대한 진실한 사랑이 담긴 남편의 마음은 어떤 식재료와 비교할 수 없는 맛과 정성이 가득한 최고의 고명이다.

'빛 좋은 개살구' '속 빈 강정'이라는 속담이 있다. 겉보기에는 먹음직스러운 빛깔과 모양을 띠고 있지만 맛이나 실속이 없는 경우에 사용하는 말이다. 식당에서 맛나게 보이는 음식모형이나 사진을 보고 주문한 후, 실제 음식을 먹고 실망한 경우, 고명은 맛깔스럽게 보이는데 전체적인 음식 맛이 별로인 경우를 가끔 경험한다. 음식에 속고 낙심하면 좌절감과 배신감이 오래 남는다. 눈으로 보는 즐거움이 먹는 즐거움으로 연결될 수 있도록 겉과 속을 똑같이 중시해야 한다. 맛있는 음식을 먹는 행복감도 오랫동안 기억된다.

고명으로 올려진 재료들은 자신의 색깔과 향만 내세우지 않는다. 이미 만들어진 음식과 조화를 잘 이루어 전체적인 맛과 멋을 돋보이게 한다. 음식이 그렇듯 사회도 마찬가지다. 고명처럼 높은 자리에 올라가기를 꿈꾸는 사람은 구성원들이 품고 있는 생각에 함께 젖어 들어야만 진정한 지도자로 우뚝 설 수 있다. 맛있는 음식처럼 모두가 같은 방향으로 더불어 나아갈 때 살맛 나는 세상이 만들어진다.

비빔국수와 상석에 앉아있는 반달 모양의 달걀이 어우러져 한결 더 맛을 낸다면 비빔국수는 비단이 되고 고명은 꽃이 되어 '금상첨화'라는 작품이 완성된다.

카레

요리하다 보면 어렵게 살던 시절의 음식이 생각날 때가 있다. 허기를 채우려고 먹었던 고구마와 감자도 떠오르지만, 처음 본 짜장면과 냉면, 돈가스와 카레라이스를 맛있게 먹었던 기억이 더 또렷하게 남아 있다. 지금은 누구나 쉽게 맛볼 수 있지만, 당시에는 특별한 날에만 먹을 수 있는 귀한 음식이었다. 그중 노란색의 카레 요리는 신기하기도 했지만, 색다른 맛으로 나의 마음을 사로잡았다.

고교 시절, 친구 집에서 숙식을 자주 했다. 가정 형편상 가족 모두가 바쁜 우리 집보다 부유한 친구 집이 더 편하고 좋았다. 친구 어머니는 함께 열심히 공부하라며 좋아하셨다. 한번은 친구랑 등교 준비를 마치고 밥을 먹기 위해 식탁으로 갔다. 동그란 접시에 담긴 하얀 쌀밥 위에 호박죽 같은 노란 액체가 올려져 있었다. 나는 흠칫 놀라며 무슨 음식인지 물었다. "카레야, 카레. 맛있어, 먹어봐." 친구 어머니가 대답해주었고, 친구는 숟가락으로 밥과 카레를 바쁘게 섞었다.

친구를 따라 카레를 비벼 먹었다. 약간 매우면서 향기로운 냄새는 입맛을 자극했고 점점 숟가락질을 빠르게 만들었다. 그때 카레를 처음 접하고 경험했다. 본격적으로 카레를 먹은 것은 군에서였다. 한 달에 두어 번 나오는 카레 음식을 먹을 때마다 친구 어머니의 인자한 표정이 생각났다. 친구 어머님이 작년에 세상을 떠났다. 영안실에서 예를 표하는 도중 카레를 처음 먹었던 장면이 자꾸 떠올랐다.

"점심으로 카레를 먹었다."고 사람들은 무심결에 말한다. 카레는 요리명이 아닌, 향신료의 조합으로 만든 양념의 일종이다. 강황과 생강, 후추와 마늘 따위를 섞어 만든 노란 향신료를 총칭하여 부르는 말이다. 음식의 맛을 알맞게 맞추기 위해 고추와 후추, 소금과 간장을 넣는 것처럼 카레도 조미료의 일종이다. 유럽에서는 여러 가지 고기와 채소를 넣고 만드는 '스튜(stew)'라는 음식을 만들 때 사용하고, 동양에서는 '카레라이스'를 만들 때 쌀밥에 얹어 먹는다.

카레는 유럽에서 '커리(curry)'라 부른다. 인더스 문명의 중심지 인도에서는 오래전부터 '카릴'이라 불리는 스튜 요리를 즐겨 먹었다. 16세기 대항해시대에 카릴은 포르투갈에 '카리'라는 이름으로, 19세기 인도를 식민지로 만든 영국에 '커리'라는 이름으로 전파되었다. 20세기 초 영국은 러시아를 견제할 목적으로 일본과 군사동맹을 맺었다. 영국해군들이 즐겨 먹는 커리를 일본인들은 '카레'라고 이름 붙였고, '카레라이스'라는 새로운 음식을 개발했다. 일제강점기 때, 우리나라에 카레가 처음 들어왔다. 카레는 세계사와 함께하는 의미 있는 향신료다.

몇 년 전, 친인척들과 일본 오사카 여행을 갔다가, 점심을 먹으려고 카레 전문 식당으로 들어갔다. 카레라이스를 먹던 중, 벽면에 '다케시마 카레'라고 적혀 있는 사진을 보았다. 사진에는 해산물을 넣은 카레 위에, 독도 모양으로 뭉친 밥을 얹었고, 밥의 중앙에 일장기가 꽂혀 있었다. 독도가 일본 땅이라는 것을 음식 메뉴로 개발하여 판매하는 사진이었다. 기분이 나빠 카레라이스를 먹는 둥 마는 둥 하다가 수저를 놓았다. 식당을 나오면서 독도가 일본 땅이면 부산에서 가까운 대마도는 대한민국 땅이라고 외치고 싶었으나 용기가 없었다.

우리나라의 식품 회사, '오뚜기'가 1981년에 '3분카레'를 시판하면서 카레가 대중화되기 시작했다. 비상식량으로 어느 집에나 있고 누구나 먹어보았을 징도로 가징 대표적이고 많이 팔리는 레토르트 식품이다. 레토르트 식품은 이미 조리한 음식을 밀봉한 후, 고압 가열 살균솥retort에 넣어 가열하여 멸균시킨 뒤, 급속 냉

각시켜 만들어진 보존식품이기 때문에 언제 어디서나 간편하게 먹을 수 있다. 지금도 3분카레는 돈이 없거나, 요리하기 귀찮거나, 급할 때 먹는 간편식으로, 자취생들의 일회용 식사 거리로 라면과 함께 인기를 유지하고 있다.

볶음밥과 짜장밥, 카레라이스를 자주 만들어 먹었다. 그 이유는 개인마다 약간의 차이는 있겠지만 세 가지 요리를 만드는 주재료가 똑같기 때문이다. 잘게 썬 고기, 작은 주사위 모양으로 깍둑썰기한 감자와 당근, 양파 등의 채소를 한꺼번에 넣고 익힌 다음, 각종 양념을 넣어 볶는다. 볶음밥을 먹고 싶으면 참기름을 넣고 밥과 함께 볶으면 된다. 짜장밥이나 카레라이스를 먹으려면 물을 적당하게 붓고 짜장 소스나 카레 분말을 넣어 끓인 후, 밥 위에 올리면 쉽게 먹을 수 있다.

카레는 노인들에게 좋은 식품이다. 카레의 주원료인 강황에 들어있는 노란 색소의 커큐민은 강력한 항산화 물질로 세포의 산화를 방지하고 염증을 감소시켜 치매를 예방하거나 진행을 지연시킨다. 게다가 시나몬 성분은 고지혈증 환자의 혈중 콜레스테롤 수치를 낮추어 준다고 세계적으로 권위 있는 의사들의 논문이 잇달아 발표되고 있다. 카레를 즐겨 먹는 인도인들은 알츠하이머병 발생률이 미국인의 4분지 1에 불과해 세계에서 치매 발생률이 가장 낮은 국가라고 한다. 나이 들면서 제일 큰 걱정이 건강이다. 카레 음식을 좀 더 자주 먹어야겠다고 생각해 본다.

우리나라 김치의 종류는 전국의 가정주부 수만큼 많다는 말이 있듯이, 인도에서 카레 요리법은 인구수만큼 존재한다고 한다. 카레라는 향신료가 대중화된 우리나라에서도 요리사의 아이디어에 따라 다양한 음식에 첨가한다. 카레 특유의 맛과 향을 얻기 위해서다. 나는 생선을 구울 때, 생선에 칼집을 내고 카레를 약간 발라 굽는다. 비린내 나는 생선찌개를 끓일 때도 소량의 카레를 넣는다. 카레는 소금이나 후추 같은 양념이기 때문에 사용할 곳이 무궁무진하다.

카레는 밥과 국, 찌개를 비롯한 특별한 요리에 첨가되어도 카레 특유의 노란 색과 향긋한 냄새를 그대로 드러낸다. 우리도 중요한 결정이나 판단을 할 때, 자신의 의지와 신념을 굳건하게 지켜나가려는 자세가 필요하다. 카레처럼 자신만의 멋과 향을 유지할 수 있어야 한다.

카레라이스를 만들어 먹고 나면 항상 후회한다. 밥 위에 맛있는 카레를 너무 많이 얹어 밥을 남기기 때문이다. 카레의 유혹과 나의 욕심이 만들어 낸 결과다. 뭐든 적당한 게 최고다.

회식

■

수필을 쓰는 문우가 문학단체에서 선정하는 작품상을 받았다. 시상식에 참석해 꽃다발을 전하며 축하를 해주었다. 그는 상금으로 받은 금액 중 일부를 주관 단체에 찬조하고, 가까운 문인들에게 한턱내겠다고 말했다. 축하주를 사주는 게 마땅하지만, 문학계에서 내려오는 관례를 무시할 수 없다. 여섯 명의 남녀 문인이 인근 식당의 회식 자리에 참석했다.

회식은 여러 사람이 모여 음식을 함께 먹는 행위를 말한다. 우리나라는 다른 나라에 비해 공적·사적 모임이 많은 편이다. 예나 지금이나 혈연과 학연, 지연으로 얽힌 전통적 사회관계를 중시하는 사고방식과 함께 '끼리끼리 문화'가 발전해 왔기 때문이다. 출신이나 생각이 같은 사람들, 자신들의 권익을 보호받거나 주장하려는 사람들이 향우회와 학우회, 동지회, 등의 모임을 경쟁하듯 결성했다. 우리끼리 뭉쳐서 서로 도와가며 잘 먹고 잘살자는 회식이 지금도 어딘가에서 진행되고 있다.

단합과 친목, 사기 진작과 결속력 강화를 위한 회식의 종류는 다양하다. 잔치와 야유회, 소풍과 단합 대회, 연회와 향연 같은 모임도 회식의 한 부류다. '회치'라는 경상도 사투리도 회식을 의미한다. 어릴 적, 시장에서 장사하던 어머니가 연중 쉬는 날은 딱 하루였다. 시장 상인들이 마산의 이름난 유원지, '서원곡'으로 회치를 가는 날이다. 회치에 불참하면 소외를 당할 수 있다고 판단했다. 아무리 억척스럽게 장사하는 상인이라도 그날 행사에 빠지면 시장에서 살아남기 어려웠을 것이다.

회식은 시대를 막론하고 열렸다. 조선 시대, 임금은 신하의 노고를 위로하기 위해 동지나 설날에 '회례연'이라는 성대한 잔치를 베풀었다고 한다. 수원의 남문시장에 가면 정조대왕이 술을 따르는 모습의 동상과 '불취무귀不醉無歸'라는 문구가 적힌 현판이 나란히 세워져 있다. 이는 '취하지 않으면 돌아가지 않는다'는 뜻으로, 정조가 성균관 제술 시험 합격자들에게 연회를 베풀면서 한 말이다. 실제 술에 취해 돌아가라는 해석보다는 모두가 풍요로운 삶을 살면서 술에 흠뻑 취할 수 있는 아름다운 세상을 만들어 보자는 의미가 담겨 있는 표현이다.

현재의 회식 문화는 군대의 영향을 많이 받았다. 상급자가 하급자의 사생활을 24시간 통제하는 군부대의 특수한 상황이 기업으로 전이되었다. 회사에서 상사와 아랫사람의 소통은 쌍방향이 아닌 상명하복식으로 이루어졌고, 그 위계질서는 회식 자리에서 더욱 심하게 나타났다. 상사가 까라면 까고 죽으라면 죽는시늉까지 해야 하는 군대식 사고방식이 그대로 답습되었다. 업무의 연장이라는 이유로 직원들의 모임 참석을 강요해 놓고, 시간외근무수당은 지급하지 않는다. 게다가 회식에 들어간 비용을 1/N로 처리하고 상사의 뒤치다꺼리까지 책임져야 하는 불합리한 사례가 허다했다. 그야말로 울며 겨자 먹기 식으로 참석하는 불편한 자리였다.

2022년 3월, 한국리서치에서 회식에 관한 여론조사 결과를 발표했다. 그 내용은 '단합 및 친목 유지를 위해 회식이 필요하다.'라는 질문에 40대 이상은 절반 이상이 동의했으나, 30대 이하에서는 절반이 동의하지 않았다는 것과 '특별한 개인 사정이 없다면 회식에 참여해야 한다.'는 응답에 50대 이상은 절반 이상이 동의했고, 40대 이하에서는 절반 이상이 동의하지 않았다는 것이다. 젊은 직장인들은 천편일률적인 회식을 좋아하지 않는다는 의미다. 강요만 할 것이 아니라 자발적인 참여를 유도할 수 있도록 회식의 유연성과 질을 높여야 한다.

학교에 근무하면서 다양한 모임에 참석했다. 시무식과 종업식을 하며 이사장이나 학교장이 주관하는 단합 대회, 부서별 협의

회와 학년별 담임 모임, 같은 과목 지도교사 토론회, 학부모 대표들이 초대하는 만찬회와 같은 각종 행사가 많았다. 관리자들은 회식 자리에서 하나같이 "열심히 가르치고 지도해서 좋은 학교를 만들자."라고 말했다. 여러 모임에 들어가는 적지 않은 비용으로 교사들의 근무 환경과 학생들의 교육 여건을 개선해 주는 게 더 시급한 문제라고 생각했었다.

아침에 회식하는 사람도 있다. 언젠가 거제도로 여행을 갔을 때다. 아침을 해결하기 위해 숙소 맞은편에 있는 식당에 들어서면서 깜짝 놀랐다. 구석 테이블에 삼사십 대의 젊은이 예닐곱 명이 식사하며 술을 마시고 있었다. 이미 열 개가 넘는 빈 술병이 한쪽에 키 재기 하듯 정렬되어 있었다. 나는 '아침부터…. 이상한 사람이 많네.'라고 생각하며 굴국밥을 먹고 있었다. 그들의 대화 내용이 들려왔다. 공장의 열악한 작업 환경에 관한 이야기를 한다. '아! 조선소에서 야간작업하고 새벽에 퇴근하는 사람이구나.' 우리가 퇴근하고 저녁에 모임을 하는 것처럼 야간근로 노동자들은 아침이 회식 시간이다. 각자의 근무 조건에 따라 회식 시간은 천차만별이다.

반면에 회식이 없는 직종도 있다. 버스와 화물차, 택시 기사처럼 운수업에 종사하는 사람들은 술기운이 조금이라도 있으면 안 되기 때문에 회식을 못 한다. 프리랜서 사업자도 업무 특성상 단체 회식이 없다. 명퇴한 후, 편의점 야간 알바를 몇 달 했었다. 아침에 퇴근하고 집에 오면 바로 잠들기가 쉽지 않았다. 회식 분위기를 내기 위해 커튼을 치고 혼술하며 이런저런 고민을 한 적이 있다.

코로나 사태로 각종 모임은 감소하고 개별 활동이 많이 늘어났었다. 개인의 능력 향상과 건강 증진, 가정의 행복을 추구하는 문화가 제법 형성되기도 했다. 사회적 거리 두기가 해소되면서 친목 모임이 다시 늘어나고 있지만, 업무상 적정범위를 넘어선 강제적 회식은 오히려 개인과 전체 발전을 저해시킬 수 있다. 건강도 챙기면서 동료들과 소통하며 즐길 수 있는 회식 문화가 하루빨리 정착되었으면 좋겠다.

요즘 나이 든 문인들이 모이면 청춘은 바로 지금부터라는 뜻의 '청바지'를 건배사로 외치며 술잔을 부딪친다. 상을 받은 동료에게 축하하고, 서로 격려하고 다독거리다 보면 화낼 일도 싸울 일도 없다. 다음에 다른 문우가 상을 받으면 오늘처럼 회식 자리를 만들 것이다. 무엇이든 시작보다 마무리가 좋아야 한다.

회식은 서로의 웃음꽃을 보기 위한 모임이다.

부들

간식거리가 다양하다. 분식집에는 김밥과 순대, 떡볶이와 어묵을 판다. 맛도 맛이지만 부담 없이 요기할 수 있어 누구나 좋아하는 국민 간식이다. 중고등학생들이 하교하면서 복잡한 가게 앞에서서 왁자그르르 떠들며 맛있게 먹는 모습을 보면 침이 꼴깍 넘어간다. 학생들 사이를 비집고 끼어들기에는 나이가 너무 많다.

가끔 팔도시장에서 친구를 만나 술잔을 나누며 회포를 푼다. 자리를 파하면 혼자 거북이걸음으로 여기저기 구경하다가 마을버스정류소 근처에 있는 분식집에 들른다. 밤 시간대, 남녀노소 구분 없이 맛집 앞 길거리에 서서 모두가 편하게 먹는다. 나는 매콤한 떡볶이와 시원한 어묵 국물로 아침 해장을 미리 한다. 뭔가 아쉽다는 생각이 든다. 내가 좋아하는 부들 어묵이 없다.

부들 어묵은 강가에 사는 식물, '부들'의 열매를 닮아서 붙여진 이름이다. 외형은 핫도그 모양이지만 속은 대나무처럼 텅 비어있다. 값이 싼 생선 재료를 이용하여 만들기 때문에 일반 어묵보다 가격이 저렴하다. 그런 이유로 맛이 떨어진다고 생각해 분식집 메뉴에서 제외된 것 같다. 마트에서 부들 어묵을 사서 탕이나 볶음을 해 먹으면 의외로 담백하고 쫄깃한 식감을 즐길 수 있다. 싱싱하고 통통한 오징어 숙회를 씹는 기분이다.

어려운 시기에 학창시절을 보낸 사람들은 어머니가 도시락 반찬으로 싸준 어묵볶음을 기억한다. 김치, 멸치와 함께 지겹도록 먹었지만, 우리가 건강하게 성장할 수 있도록 많은 영양분을 제공해 준 음식이다. 그때는 부들 어묵을 몰랐고 어묵의 모양은 사각형이라고만 생각했다. 지금은 삼각형 원 구 기둥 하트 모양에서 유부주머지까지 그 형태뿐만 아니라 맛도 제각각이다.

먹거리도 유행처럼 돌고 돈다. TV에서 경쟁적으로 트로트 관련 프로그램이 방영되었다. 관심이 전혀 없던 사람들, 특히 젊은 이들까지 트로트 열풍을 넘어 광풍을 불러일으켰다. 굶주린 배를 채우기 위해 할 수 없이 먹었던 보리밥, 산나물, 해초류 등의 식품이 건강에 좋다는 이유로 불티나게 팔린다. '오뎅'이란 이름으로 천시받았던 어묵도 다시 돌아와 서민들의 많은 사랑을 받고 있다.

최근에 어묵만 전문으로 취급하는 매장을 쉽게 찾아볼 수 있다. 부들 어묵과 관련된 새로운 음식이 개발되면서 일반인들의 관심을 끌고 있다. 이전과 달리 좋은 재료로 만들어서 맛이 훨씬 더 좋다. 부들어묵볶음과 튀김, 잘게 썬 부들 어묵에 맛있는 속을 넣어 만든 어묵전과 어묵꼬치는 아이들의 간식으로, 단체급식의 반찬으로, 어른들의 맥주 안주로 호응이 좋은 편이다.

술집의 기본안주로 부들어묵볶음이 몇 개 나오면 얼른 집어 먹는다.

부들은 갈대처럼 습지에 산다. 물속의 진흙에 뿌리를 내리고 줄기와 잎은 물 밖으로 나와 있는 여러해살이풀이다. 여름이 오면 수많은 꽃씨가 모여 열매를 맺는데, 수꽃은 꽃대 위쪽에서 암꽃은 아래쪽에서 핀다. 보통 수꽃과 암꽃이 붙어 있는데 떨어져 있는 것은 별도로 '애기부들'이라 부른다. '부들'이란 명칭은 잎이 부들부들하여 명명되었다고 주장하는 사람도 있으나 정설은 아니다.

어릴 적 친구들과 동네 형들을 따라 부들이 흐드러지게 피어있는 저수지에 붕어낚시를 갔다. 부들이 있는 곳에는 물이 깨끗하고 유속이 느려 민물고기들이 많다. 친구들과 함께 형들이 끓여주는 매운탕으로 밥을 먹고, 길이 1M 정도의 부들을 잘라 칼싸움 놀이를 했다. 부들을 휘두르다 보면 꽃대에 달린 열매가 터져 꽃씨가 민들레 홀씨처럼 바람에 날린다. 친구들과 부들을 흔들며 신나게 달렸다. 부들의 꽃씨가 날아올랐다가 다시 내려오는 장면은 마치 하늘에서 하얀 눈이 내리는 느낌이었다.

부들은 물가에서 자라는 연약한 식물이지만 부드럽고 끈질긴 생명력으로 다양한 곳에서 활용되고 있다. 홀로된 공자의 어머니는 부들로 신발을 만들어 시장에 내다 팔았다는 이야기와 조선 시대 서민들은 부들로 만든 '향포초혜香蒲草鞋'라는 짚신을 신었다는 사실로 역사성과 대중성을 입증할 수 있다.

'포황蒲黃'이라 부르는 부들의 꽃가루는 한약방에서 지혈제와 고혈압 치료제로 사용하고 있다. 부들의 어린싹으로 담근 부들김치를 비롯하여 부들자리, 부들부채, 부들방석 등의 단어가 모두 표준국어대사전에 등록되어 있을 만큼 우리의 전통과 문화에 아주 밀접한 관련이 있는 식물이다.

얼마 전, 꽃꽂이 전시장에 갔었다. 예쁜 수반과 바구니에 담긴 장미 백합 수국 소국과 같은 화려한 꽃들이 예술성을 뽐내고 있었다. 다채롭고 우아한 작품을 보면서 감탄사를 연발하던 중 단조롭지만 반가운 꽃이 눈에 띄었다. 꽃꽂이 사이사이에 끼어있는 부들이었다. 냇가에 볼품없이 서 있는 부들이 활동 범위를 넓혀 꽃꽂이와 관상용으로 새로운 주목을 받고 있다는 이야기를 듣고 괜히 기분이 좋았다.

부들 어묵의 탄생은 초라했지만 이제 고급 음식으로 대접을 받고, 강가의 가냘픈 부들은 화려한 꽃꽂이 축제의 일원으로 당당하게 자리매김하고 있다. 자신만 힘들고 불행한 삶을 산다고 생각하는 청년들이 많다. 열심히 일하면 남부럽지 않게 살 수 있다는 희망을 잃지 않았으면 좋겠다. 시간이 지나면 부들처럼 자신의 능력을 정당하게 평가받는 날이 오리라 믿는다.

원기둥 모양의 부들 속에는 서민들의 애환이 숨겨져 있다.

밥情

■

'식사하셨어요?'

흔하게 쓰는 인사말 중 하나다. 그 물음에는 약탈과 침략으로 얼룩진 우리 민족의 아픈 역사와 서민들의 한이 스며있다. 밥 한 끼 먹으려고 누구는 소처럼 일하고, 어떤 사람은 강아지처럼 구걸했고, 몇몇은 눈밭에 갇힌 야생동물처럼 굶기를 밥 먹듯 했다. 식사에 관한 인사말에는 너는 어떻게 한 끼를 무사히 해결했는지에 대한 걱정과 배려하는 마음이 담겨 있다. 밥은 생존과 안부를 묻기 위한 필수조건이다.

'밥'이라는 단음절을 사용하여 서로의 마음을 전달하기도 한다. '나중에 밥 한번 살게. 밥심으로 산다. 한솥밥 먹는다. 밥값은 해야지. 그 나물에 그 밥. 콩밥 먹고 싶어. 그 사람 밥맛이야. 차려진 밥상에 숟가락만 얹는다. 밥만 먹고 사나.' 밥을 먹으며 대화를 나누다 보면 표정만으로 서로의 생각과 고민을 공유할 수 있다. 과거를 반성하고, 현재를 의논하고 미래의 방향을 설정하는 자리이기도 하다. 밥은 우리의 생활이자 문화 그 자체다.

'밥은 먹었나?'

어머니에게서 너무 자주 들었던 말이다. 통화하거나 얼굴만 보면 '밥 밥 밥'하던 말이 얼마나 지루하고 짜증 났는지 모른다. 그 말 속에 아들의 가정과 직장, 사회생활을 걱정하는 사랑이 녹아들어 있다는 사실을 어머니가 돌아가신 후에야 알았다. 자식이 밥 잘 챙겨 먹고 건강하게 일상생활하는 모습을 보는 것이 당신 삶의 가장 큰 기쁨이고 희망이었다. 어머니가 자식의 식사를 걱정하는 이유는 제때제때 챙겨 먹고 힘든 세상살이에 잘 적응하기를 바라는 마음과 정情 때문이다.

'밥 먹자.'

퇴직하고 5년 동안 집안의 먹거리를 책임지면서 자식들에게 했던 말이다. 지금은 따로 사는 아들 둘이 그때는 대학생이었다. 식성이 좋은 자식들에게 신선하고 좋은 음식을 먹이기 위해 인근 시장과 마트를 발바닥에 불이 날 정도로 바쁘게 다녔다. 힘은 들었으나 애들이 잘 먹는 모습을 보면서 뿌듯함을 느꼈고 더 맛있는 밥과 반찬을 만들기 위해 열과 성을 다했다. 요리사는 레시피를 몰라도 정성으로 요리하는 만큼 먹는 사람은 맛이 아닌 감사의 마음으로 먹어야 한다. 그 정성과 마음이 하나가 되면 '밥정(밥情)'이라는 울타리가 만들어진다.

얼마 전, 2020년에 개봉한 영화 《밥정》을 보았다. 2021년 6월, 65세 나이에 심장마비로 세상을 떠난 '임지호 셰프'의 일생을 본인이 직접 주연으로 출연하고 '박혜령' 감독이 제작한 다큐멘터리 영화다. 자연 요리 전문가로 알려진 임지호 선생은 UN을 비롯한 세계 각국의 중요 행사에 초청받아 요리 퍼포먼스를 선보였다. 정상회담의 대통령 만찬에도 참여하여 한국의 맛을 널리 알린 독보적인 음식 문화 외교관이었다.

TV의 음식 관련 프로그램에 출연하고 강화도에서 본인의 요리 철학이 담긴 한식당 '산당山堂'을 운영하기도 했다. 사람들은 '임지호'라는 이름을 들으면 '방랑식객'이란 단어를 제일 먼저 떠올린다. 그는 일식점과 중식점, 한식점에서 도제식으로 요리를 배우다가 새로운 식재료를 찾아 40년간 전국 곳곳을 돌아다녔고, 처음 접한 식재료를 이용해 무엇을 만들지 고민과 연구를 거듭했다. 자신만의 요리, 자연 친화적인 요리를 선보이면서 세간의 이목을 끌기 시작했다. 재료 고유의 향취가 느껴지는 그의 요리를 '신의 요리'라고 평가한다. 선생은 『마음이 그릇이다. 천지가 밥이다』 등의 저서에서 '음식은 종합예술이고 약이며 과학이다.'라고 언급했다.

임지호 선생은 평생 세 분의 어머니를 섬겼다. 아버지는 한의

사였지만 생모는 기억 속에 존재하지 않았다. 생사도 확인할 수 없었다. 스물두 살에 자신을 지극정성으로 키워준 어머니가 친어머니가 아니라는 것을 알고 전국을 떠돌며 친어머니의 흔적을 찾아, 잃어버린 과거를 찾아 돌아다녔다. 아픈 사연을 간직한 그는 길에서 인연을 맺은 사람들에게 잔디, 잡초, 이끼, 나뭇가지와 같은 자연 재료로 만든 음식을 기꺼이 대접했다. 그러던 중 지리산에서 만난 '김순규' 할머니를 길 위의 어머니로 10년간 모시게 되었다. 할머니는 영화가 완성되기 얼만 전까지 살아계셨다.

끝끝내 찾아온 세 번째 이별. 할머니의 사망 소식을 다큐멘터리 제작진에게 듣게 된다. 선생은 낳아주신, 길러주신, 마음을 나눠주신 세 명의 어머니를 위해 3일 동안 108접시의 음식을 밤낮없이 장만한다. 제를 지낸 후, 할머니의 가족, 동네 어르신들과 함께 음식을 나누어 먹는다. 임지호 선생의 환한 미소 속에 한줄기 눈물이 흘러내린다. '밥정'으로 쌓은 기쁨과 그리움의 눈물이다.

짧은 시간이지만 나에게 밥을 챙겨 준 두 분의 또 다른 어머니가 계셨다. 내 나이 칠팔 세 무렵에 시골 고향 집에 혼자 살던 시절이 있었다. 가정 형편상 가족들이 뿔뿔이 흩어져 객지 생활할 때였다. 옆집 아주머니는 거지처럼 생활하던 나를 하루에 한 번 자신의 집으로 불러 먹다 남은 식은밥을 챙겨주셨다. 찬밥과 두세 가지 반찬을 게 눈 감추듯 핥아먹었던 기억이 난다.

또 한 분은 고1 때 만난 친구, 선태의 어머님이다. 선태는 친구를 좋아했고 그의 어머니도 아들의 친구를 자식처럼 아끼고 사랑해주셨다. 선태의 집은 하숙집처럼 늘 친구들로 북적거렸다. 언제든지 찾아가면 밥을 먹을 수 있고, 잠을 잘 수 있고, 아침에는 도시락에 용돈까지 챙겨주셨다. 가족 모두가 바빠서 항상 혼자 밥을 먹었던 우리 집과 방금 지은 따뜻한 밥을 누군가와 함께 먹는 친구 집의 밥맛은 천지 차이였다. 선태 어머니가 노릇하게 구워주는 짭조름한 갈치구이도 맛있었지만 "항상 사이좋게 지내라."며 등을 토닥거려주던 따뜻한 정에 마음이 더 끌렸을 것이다.

'밥정은 애틋함이다.'

나에게 밥을 챙겨 준 세 분 어머님의 정을 늘 그리워하며 살았다. 고향의 아주머니도, 선태의 어머니도, 나의 어머니도 모두 돌아가셨다. 나는 세 분의 어머니를 위해 따뜻한 밥 한 끼 대접하지 못했다. 안타깝고 애가 타지만 지난 시간을 돌이킬 수 없다. 이제 시린 허기로 고통받고 있는 아이들과 또 다른 어머니를 위해 밥을 나누어야겠다는 생각을 해본다.

세상천지가 밥情으로 따뜻해졌으면 좋겠다.

봄동

■

몇 년 전 1월, 청산도에 간 적이 있다. 청산도는 완도에서 뱃길로 한 시간 가까이 걸린다. 영화 〈서편제〉에 나오는 그림 같은 풍경과 마을을 서로 연결하는 '슬로길'을 둘러보고 싶었다. 시간이 부족하거나, 청산도가 나를 놓아주지 않으면 하룻밤을 더 묵으면 된다. 여행의 목적을 달성하지 못한 채 그냥 돌아왔다가 두고두고 후회한 적이 한두 번이 아니었다. 느긋한 마음으로 출발을 했다.

청산도青山島. 이름 그대로 늘 푸른 섬이다. 신비스러운 매력을 간직한 그곳에는 시간이 멈춰있었다. 1970년대까지 청산도의 '고등어와 삼치 파시波市'는 연평도의 '조기 파시' 못지않았다. 그러다가 어느 때부터인가 화려한 축제를 끝낸 무대처럼 사람들의 기억 속에서 사라졌다. 40년이란 세월이 지난 후, 이번에는 청산도의 자연경관을 보기 위해 많은 관광객이 찾고 있다. 하지만 아직도 섬 주민들의 삶은 고달프다. 다도해의 다른 섬에서는 양식을 많이 하지만 이곳은 풍랑이 심해 바다 농사를 짓기 어렵다. 그만큼 청산도는 홀로 떠 있는 외로운 섬이다.

청산도를 일주하는 순환버스를 탔다. 출렁이는 바다를 따라 달리던 버스가 꼬불꼬불 굽이진 길로 들어섰다. '슬로길'이란 표지판을 보고 버스에서 내려 한참을 걸었다. 따사로운 햇볕을 받으며 빤작거리고 있는 거대한 녹색 물결이 눈에 들어왔다. 산과 바다의 영역을 구분 짓고 있는 봄동밭이었다. 하나같이 납작 엎드려 있는 모습이 땅바닥에 풀빛 유화물감을 칠해 놓은 것처럼 보인다. 밭두렁에 앉아 봄동밭의 풍경을 한참 바라보았다. 봄동은 매서운 추위와 척박한 토지가 만들어낸 소생所生일지도 모른다는 생각이 들면서 마음이 편안해졌다.

봄동은 [봄-동]이 아니라 [봄-똥]으로 발음해야 한다고 국어사전에 나와 있다. 발음으로 미루어 '봄동'은 '봄똥'에서 유래되었다고 짐작할 수 있다. 봄 들녘에 소똥처럼 납작 붙어 자라는 푸성귀를 사람들은 '봄똥'이라 불렀다. 그렇지만 먹는 음식에 '똥'이라고 적기가 꺼림칙했을 것이다. 그래서 발음은 [봄-똥]으로 하면서 쓸 때는 '봄동'으로 적었다고 한다. 유래가 서민적이기도 하면서 발음에서는 시골 냄새가 난다.

건너편 밭에서 누군가를 부르는 소리가 들렸다. 목을 빼고 돌아보니 나에게 손짓을 하는 것이었다. 혹시 내가 뭘 잘못한 게 있는지를 걱정하며 내려갔다. 아주머니 네 분과 아저씨 두 분이 봄동을 뽑다가 점심을 먹던 중이었다. 나를 부르던 아저씨가 나에게 공간을 내어주면서 같이 식사를 하자고 권했다. 나는 감사의 인사를 하면서 부산에서 여행을 왔다고 간단하게 소개했다. 마침 배가 출출하던 차여서 방금 뜯어 무친 봄동 섣설이를 보는 순간 체면이나 염치는 달아나버렸다. 봄동과 굴무침, 거기다 봄동을 넣고 끓인 된장과 두부김치, 그리고 막걸리. '구상' 선생의 '앉은 자리가 꽃자리니라'는 시구가 생각났다.

막걸리를 한 잔 마신 아저씨는 굴무침을 봄동에 싸 먹으면서 말했다. 겉잎이 속잎을 싸면서 자라는 일반 배추를 결구結球배추라하고, 봄동처럼 속잎을 싸지 않는 배추를 불결구배추라 한다. 일반 배추를 겨울에 심어 노지에 그냥 두면 봄동이 될 수도 있지만, 판매를 목적으로 하려면 불결구배추 품종을 따로 심는다. 우리나라의 봄동은 주로 남해안에서 재배된다. 겨울의 따뜻한 바닷물이 기온을 올려주고 밭으로 올라온 해무는 봄동의 단맛을 더해준다. 그래서 해안가에서 재배되는 봄동이 달고 맛있다.

이야기를 들으며 맛있게 밥을 먹는 내 모습을 보던 한 아주머니가 "밥값은 하고 가야지요."라는 농담을 했고, 나는 웃으면서 그렇게 하겠다고 말했다. 다시 봄동을 뽑기 시작했다. 나에게 주어진 임무는 외바퀴 손수레에 봄동을 실어 박스 작업하는 곳까지 옮기는 일이었다. 손수레를 끄는 요령을 배웠지만 처음 몇 번은 쓰러트렸다. 재미는 잠시였고 시간이 갈수록 힘들었다. 세상에 공짜는 없고 쉬운 일도 없다.

일을 하면서 '왜 봄동은 하늘로 치솟지 않고 땅바닥으로만 기고 있을까?'라는 생각을 했다. 봄동이 '너도 그렇게 살지 않았냐.'고 답해주는 듯하다. 나는 눈치가 빠른 편이다. 가난에 쪼들리던 학창시절부터 생긴 습관이 성격으로 형성되었다. 친구 하나라도 더 사귀기 위해, 맛있는 음식 하나 더 얻어먹기 위해 내가 할 수 있는 것은 그저 낮은 자세로 알아서 기는 수밖에 없었다. 친구들이 하자는 대로 했다. 내 주장을 펼치지 못한 것이 아니라 아예 말할 생각을 하지 않았다. 군을 제대하고 사회생활을 하면서 그런 성격은 많이 달라졌지만, 눈치는 아직도 남아 있다. 봄동도 어지러운 세상에 애써 살아남기 위해 낮은 포복으로 눈치를 보고 있는 것은 아닌지 모르겠다.

봄동의 삶은 겨울철 별미를 사람들에게 제공하는 것이다. 생으로 먹든, 버무려 먹든, 된장찌개에 넣어 먹든 상관할 바 아니다. 그저 먹히는 것이다. 운명을 거슬리며 꽃대를 뽑아 올려 노란 꽃을 피우는 호강은 바라지 않는다. 그저 봄철이 올 때까지 한세상 살다 가기를 원한다. 나도 꽃대를 뽑아 올리려는 쓸데없는 욕심보다 나이에 걸맞은 행동을 하며 살아야겠다는 다짐을 해본다.

완도로 향하는 마지막 여객선의 시간을 맞추기 위해 봄동을 가득 실은 트럭이 출발했다. 마치 내가 봄동 농사를 지어 도시로 내보내는 것처럼 흐뭇한 마음이 들었다. 경운기를 타고 아저씨 집으로 갔다. 1박을 하면서 아저씨의 신세타령과 청산도와 관련된 이야기를 많이 들었다. 다음 날, 아침까지 얻어먹고 다시 순환버스를 탔다. 청산도의 풍경도 좋았지만, 봄동처럼 나그네에게 마음을 내어주는 주민들의 푸르른 인심은 여행의 또 다른 감동으로 다가왔다.

그 후, 식당에서 봄동이 나오면 혹시 청산도에서 온 것은 아닌지 앞뒤를 뚫어지게 살펴본다. 청산도 봄동을 구별하는 방법이 따로 있는 것도 아닌데….

전우

■

30년 가까이 혼신을 바친 생업 전선에서 물러났다. 살벌한 전쟁터에서 무사히 돌아온 왕이건만 훈장은 물론 개선행진곡도 없다. 최소한 집에서라도 존경받으며 호의호식할 수 있을 거라 기대했다. 자식들은 알아서 한다며 아비의 말에 수긍은커녕 오히려 가르치려 하고, 아내는 '님'이라는 글자에 점을 하나 찍어 '남'으로 대하듯 한다. 가장으로서 품위와 위엄이 뿌리째 뽑혀나갈 지경이다.

이대로 물러설 수 없다. 그림 같은 정원을 짓고 안락하게 살겠다는 꿈은 자식들을 우선으로 생각하는 실세 앞에서 일장춘몽이 되어버렸다. 아버지로, 지아비로 당당하고 화려했던 시절을 재현할 수 없더라도 꼴찌인 집안 서열을 공동 1위까지 끌어올려야 한다. 집 앞의 큰 산을 다른 곳으로 옮겼다는 사자성어, '우공이산愚公移山'의 마음으로 각고의 노력을 기울여 왕의 귀환을 집안 공기까지 인식하도록 만들어야 한다. 다시 전장으로 나가 허드렛일이라도 해야겠다고 마음먹었다.

자녀의 조기 유학으로 자식과 아내를 해외로 보내고 자신은 국내에 남아 돈을 벌어 보내는 가장을 '기러기 아빠'라고 한다. 처음에는 남자가 왜 그리 힘들게 사는지 안타까운 마음이 들기도 했지만 이내 이해가 되었다. 아버지로서 자식들의 더 나은 삶과 성공을 위해, 가장으로서 한 가정을 건사하기 위해 희생을 감수해야만 한다. 비록 기러기 아빠는 아니었으나 그들과 같은 심정으로 직장 생활하며 앞만 보고 달려왔다. 근데 왜 푸대접을 받는지 지나온 과거를 곰곰이 반추해 본다.

학교에서 부장과 기획으로, 퇴직 후 편의점과 대형 문구점의 점장으로 오랫동안 일했다. 일과 시간을 따지지도 두려워하지도 않았다. 동료들이 힘들어하는 업무를 대신 맡아 처리해 주었고, 전체의 발전을 위해 양보와 헌신을 아끼지 않았다. 직장 상사를 잘 모시면서 동료들과 잘 어울리려고 밤새워 일하고 때로는 술을 마셨다. 그들의 격려와 응원을 들으며 더 잘해야겠다는 의지를 다졌다. 나의 성취감과 자긍심을 위해 일터에서 최선을 다하는 것이 우리 가족의 행복을 위한 길이라고 생각했다.

그러면서 이중생활을 했다. '이중생활'은 다른 여자와 살림을 차리는 것을 의미하나 그것과는 무관하다. 바깥에서는 물불 가리지 않는 적극성을 띠었지만, 집에만 오면 만사가 귀찮아 소극적이었고 아무것도 하고 싶지 않았다. 확실히 모르겠지만 대부분 남자는 나와 비슷했을 거라 여긴다. 세 살 터울인 애들이 유치원을 다닐 때 아빠의 모습을 그려오라는 숙제가 있었는데 두 놈이 똑같이 내가 누워서 TV를 보고 있는 장면을 그려갔다고 지금도 아내가 흉을 본다.

집안의 대소사는 아내가 알아서 해야 할 일인데, 나에게 무엇을 하라거나 어디 가야 한다는 말이 성가시게 들렸다. 물이나 커피를 마시고 싶으면 아내를 찾았고, 청소기를 돌리면 이리저리 발만 움직였고, 이삿날에는 술친구의 전화를 기다렸다. 할 줄 아는 집안일도 별로 없었다. 가끔 하수구가 막히는 사건, 형광등 초크다마를 교체하는 문제, 시멘트벽에 못을 박는 어려운 일로 말다툼을 벌이기도 했다. 그러니 빨리 월요일 아침이 와서 직장으로 나갔으면 좋겠다는 마음뿐이었다.

웃는 얼굴로 출근했다가 고주망태가 되어 밤늦게 귀가하는 날이 다반사였다. 쉬는 날에는 가족끼리 여행이나 외식을 가든지, 최소한 애들이랑 놀이터라도 가야 했으나 나는 밖으로 나가는 것을 별로 달가워하지 않았다. 다른 가장들처럼 가족을 위한 봉사활동에도 최선을 다해야 하는데, 그런 실적이 눈곱만큼도 없었다는 게 지금 홀대를 받는 원인이다. 아내는 남편을, 성장한 애들은 아버지를 존경의 대상이 아닌 그냥 같은 집에 사는 남자 어른으로 생각한다. 천대를 받더라도 집에서 쫓겨나지 않고 밥이라도 얻어먹을 수 있는 게 그나마 다행이었다.

눈칫밥을 몇 달 얻어먹다가 평생교육원의 수필반에 등록하면서 외부활동을 시작했다. 집사람은 여전히 바빴다. 대학생인 두 아들의 뒷바라지를 위해, 경제적 활동을 하기 위해, 15년 넘게 즐기고 있는 산악자전거를 타기 위해 늘 밖으로 나가야 했다. 현관문을 나설 때마다 "식사 챙겨 드세요. 찌개는 데워서 먹고, 냉장고에 무슨 무슨 반찬이 있어요."라는 말을 반복했다. 갑자기 먹는 문제부터 자립해서 아내의 걱정거리를 하나라도 덜어주어야겠다는 생각이 들었다.

그때부터 인터넷 카페와 블로그를 뒤져 독학으로 요리를 배우기 시작했고, 가족을 위해 5년 동안 열심히 요리 봉사를 하면서 나에게 숨겨져 있는 의외의 재능과 흥밋거리를 찾았다. 마트와 시장을 다니고 주방을 들락거리며 많은 것을 느꼈다. 밥만 먹는 게 살림이 아니었다. 가족들의 건강과 진로문제, 집안의 혼사와 제사, 친지나 인맥을 만나기 위한 사회활동, 공과금을 비롯한 잡다한 일. 이 모든 가사를 아내 혼자 짊어지고 왔다는 생각에 저절로 고개가 수그러졌다.

40년 가까운 세월이 짧기도 하지만 길다면 길다. 자라온 환경과 성격이 다른 젊은 남녀가 만나 작은 풍랑에도 흔들리는 돛단

배에 몸을 실었다. 함께 노를 저어 강을 지나 바다로 나가야 하는데 한 사람은 손을 놓고 방관만 하고 있었다. 아내 혼자의 힘으로 무거운 배를 밀고 당기며 목적지 인근에 다다랐다. 정신을 차리고 뒤늦게 합류한 남자는 방향키를 잡고 나가는 여자 선장의 마음을 잘 읽고 따라가야겠다고 다짐한다. 과거를 지울 수 없으나 미래는 바꿀 수 있다.

여자보다 남자들의 노후 생활이 더 힘들다고 말한다. 마음먹기에 달렸다. 권위의식과 자존심을 내려놓으면 어려운 일도 없고, 모르면 물어서 하나하나 배워나가면 된다. 몇 번쯤 무시당하면 어떤가. 아내라는 여자는 수많은 시간을 외면당하고 남몰래 눈물을 훔치며 살아왔다. 아내도 남편처럼 마음 놓고 외출하고 여행 다니기를 원한다. “세상 누구보다 행복하게 해줄 게.”라고 말했던 결혼 전의 맹세를 지켜야 할 시간이다.

이제 왕도, 가장도, 지아비도 아닌 생사고락을 함께하는 동반자로서 서로를 존중하며 살아야 한다. 언젠가 마지막 은퇴하는 날이 오면, 부실한 병사를 곁에서 끝까지 지켜준 든든한 전우에게 맛있는 삼겹살을 대접하고 싶다. 소주잔을 기울이며 “함께 살아줘서 참 고맙다.”는 말을 꼭 해야겠다.

“음식물 쓰레기통이 꽉 찼어요!” 아내의 외침에 누워 있던 소파에서 벌떡 일어난다.

제4부

제철 음식이 보약이고 약선음식이다

짬뽕 같은 인생

중국집에 처음 간 것은 공장에 다니는 큰형의 첫 월급날이었다. 짜장면과 단무지를 꼭꼭 씹어 먹으며 메뉴판을 훑어보았다. 오십 가지가 넘는 음식 중에 초등학생인 내가 들어 본 것은 우동과 짜장면뿐이었다. 대부분 생소하고 비싼 음식이지만 무척 맛있을 거라는 짐작을 했다. 쪼가리 면과 고소한 춘장을 싹싹 핥아 먹으면서 나중에 돈을 많이 벌면 메뉴판에 있는 모든 종류를 한 번씩 먹어봐야겠다고 생각했다.

50년이 지난 지금 한 달에 두세 번 정도 중국 음식을 먹는다. 집에서 전화 주문을 하여 가족들과 먹을 때도 있지만 가끔은 혼자 중국집에 가서 점심을 해결하기도 한다. 맛도 맛이지만 동네마다 중국집이 있어 쉽고 빠르게 한 끼를 해결할 수 있다는 게 매력이다. 각종 모임을 중국집에서 할 때면 가격이 비싼 탕수육과 양장피, 팔보채와 깐풍기, 마파두부, 등의 맛을 보기도 하지만, 지금까지 내가 먹어본 중국 음식은 열댓 가지를 넘지 않는다.

짬뽕은 국어사전에 '초마면炒碼麵'이라고 표기되어 있고, 초마면은 짬뽕과 유사한 중국 요리의 일종이다. 중국과 일본, 우리나라의 문화가 고루 섞인 복합적인 음식이다. 일본 메이지 시대, 나가사키에서 중국집을 운영하던 한 화교가 가난한 중국 유학생과 노동자를 위해, 음식을 하고 남은 여러 가지 재료에 면을 넣고 끓여 새로운 요리를 만들었다. 양도 많고 영양도 풍부하다는 이유로 일본인에게도 인기가 좋았다. 일본에서 '짬뽕'이란 용어는 서로 성질이 다른 물건이나 재료 등이 뒤섞인다는 뜻으로 사용되고 있었으므로 이 음식에도 같은 이름을 붙였다는 설이 있다.

일제강점기 때 나가사키에 살던 화교들이 우리나라에 진출하면서 짬뽕이 알려지기 시작했다. 한국 사람들의 입맛에 맞게 해산물과 고춧가루를 듬뿍 넣어 자극적인 음식으로 개발한 것이 요즘 우리가 즐겨 먹는 짬뽕이다. 나가사키식은 국물이 희고 순한 맛을 내는데, 우리 것은 국물이 붉으면서 얼큰한 맛을 낸다. 짬뽕은 혼란스럽고 힘들었던 시대에 서로 힘을 합쳐 살아가자는 뜻으로 만들어졌는지도 모르겠다.

짬뽕을 만드는 과정은 생각보다 복잡하다. 돼지고기와 각종 해물을 기름에 볶은 다음 닭이나 돼지뼈로 만든 육수와 십여 가지 채소를 넣고 끓인 후, 별도로 삶아 놓은 면을 넣어야 완성된다. 같은 짬뽕이라도 얼마나 진한 육수를 사용했는지, 신선하고 다양한 해물과 채소를 얼마나 넣었는지, 면발에 국물맛이 얼마나 스며들었는지에 따라 맛의 차이는 크게 난다.

내가 즐겨 먹는 중국 요리는 사천짜장과 볶음밥, 짬뽕이다. 그중 짬뽕은 열에 일곱 번 정도의 비율을 차지할 정도로 단연 으뜸이다. 애주가들은 술을 많이 마신 다음 날, 대부분 속을 달랠 수 있는 국물을 찾는다. 집에서 해장국을 얻어먹을 수 있으면 다행이지만 그렇지 못한 직장인들은 점심때를 기다렸다가 숙취를 해소할 수 있는 식당으로 간다. 뜨뜻한 국물로 속을 진정시키기 위해 돼지국밥이나 콩나물국밥, 복국을 파는 음식점을 찾는 사람도 있지만 몇몇은 중국집의 짬뽕을 먹으러 간다. 나는 맵고 칼칼한 국물을 마시면 시린 속이 풀리면서 컨디션이 정상으로 돌아오는 것 같아 누구보다 짬뽕을 좋아한다.

우리 집 냉장고에는 치킨집과 족발집, 중국집에서 나누어주는 자석스티커가 여러 장 붙어 있다. 중국집마다 짬뽕을 시켜 먹어 본 후, 스티커에 음식에 대한 평가를 반드시, 간단하게 적어놓는다.

'면발○, 면발X, 국물맛○, 국물맛X'

'면발○, 국물맛○'라고 표시되는 스티커도 있지만 '면발X, 국물맛X'라고 적히는 것도 있다. 그렇게 표시하지 않으면 맛이 없는 집에 다시 전화를 걸어 주문할 수도 있다. 돈도 돈이지만 이왕이면 맛있는 짬뽕을 먹기 위해서다.

몇 년 전, 내가 사는 아파트 상가에 새로운 중국집이 들어섰다. 오전에 시내 볼일을 마치고 집으로 들어가다가 중국집에 들러 짬뽕을 시켜 먹었다. 30년 넘게 짬뽕을 먹어보았지만, 그 집만큼 국물이 얼큰하면서 시원한 맛을 내는 집은 없었다. 쫄깃한 면발과 입안을 황홀경으로 젖게 하는 그 맛은 환상 그 자체였다. 특별한 비법은 알 수 없지만 싱싱한 해물과 채소를 듬뿍 넣은 것이 눈에 띄었다. 몇 년 동안, 한 달에 두 번 이상, 배달하지 않는 그 집에 직접 가서 짬뽕을 먹고 있다.

종종 '짬뽕 같은 인생'이라고 말하는 사람도 있다. 자신의 업무나 사랑, 인간관계 등이 쉽게 풀리지 않고 혼란스러울 때 하는 말이다. 마음속의 기쁨과 희망은 사라지고 머릿속에 분노와 좌절로 가득 채워진다. 세상을 탓하고 기울어진 환경을 비난하면서 시간을 보낸다. 이때는 혼란의 원인을 빨리 찾아 엉클어진 실타래를 풀 듯 하나하나 문제를 해결해 나가야만 한다.

누구나 한 번쯤 어려운 시간을 겪는다. 나도 십여 년 전에 그런 경험을 했다. 교직 생활에 회의감을 느끼면서 명퇴를 하고 나왔다. 막상 학교를 나오니 특별하게 나를 기다리는 곳도, 내가 해야 할 일도 없었다. 직장 동료나 친구들의 연락도 뜸해지기 시작했다. 점점 의욕과 웃음을 잃어버리게 되었고 혼란스럽게 섞인 내 인생의 비참함을 느꼈다. 마침내 집을 나와 객지 생활을 시작했다. 몇 달 동안 여행을 다니며 술만 마셨고, 죄 없는 세월만 나무라고 있었다.

하지를 막 지난 무더운 여름날이었다. 통영의 어느 방파제에서 오후 내내 낚시 구경을 하면서 시간을 보내다가 중국집 구석 자리에 앉아 짬뽕을 안주 삼아 소주를 마셨다. 대책 없이 시간만 죽이고 있는 내 신세가 서글프고 한탄스러웠다. 자존심만 가득했고 적극성과 자신감이 부족하다는 것을 알게 되었다. 무엇이든 해야만 한다는 사실을 깨달았다. 소주잔을 비우며 내일부터 무슨 일이든 해보자는 다짐을 했다. 다음날부터 현지에서 아르바이트할 곳을 찾기 시작했고, 주유소에서 달포 정도 아르바이트를 했다. 그 후 집으로 돌아와 3년 넘게 열심히 즐겁게 적극적으로 다양한 일을 배우면서 직장생활을 계속할 수 있었다.

혼란의 원인은 대부분 타인보다는 본인 스스로가 초래하는 경우가 많다. 그 혼란은 누군가가 아닌 자신만이 해결할 수 있다. 짬뽕 국물을 시원하게 마시고 속을 달래는 것처럼 자신이 삼키고 인내하면서 난관을 뚫고 나가야만 한다.

간짜장과 삼선짜장, 사천짜장이 짜장면에서 가지를 치고 나온 것처럼 짬뽕밥과 짬뽕탕은 짬뽕에서 파생된 음식이다. 짬뽕탕의 가격이 제일 비싸고, 그다음은 짬뽕밥, 짬뽕 순이다. 기존 음식에 맛있고 영양가 있는 새로운 재료가 추가되면 가격이 상승하는 게 일반적이다. 우리 개인도 잠재된 재능을 찾아내어 조금 더 개발하고 노력한다면 자신의 가치는 한층 더 올라갈 것이다. 현재에만 만족하는 삶은 서서히 물속으로 가라앉는 구멍 뚫린 돛단배와 같다.

살아가면서 피해야 할 사람도 많지만 모든 사람을 다 피하면서 살 수는 없다. 가끔은 싫은 사람도 만나야 하고 가기 싫은 곳도 가야 한다. 나를 싫어하는 상대도 어썰 수 없이 나를 만나러 나와 웃으면서 인사를 하고 즐거운 척 대화를 나누기도 한다. 어차피 짬뽕처럼 어울리고 섞이면서 살아가는 게 인생이다. 그러다 보면 진짜 짬뽕 맛을 느낄 때도 있을 것이다.

어제 과하게 마신 술 때문에 몸 상태가 정상이 아니다. 시계를 쳐다보며 중국집 문 여는 시간만 기다린다.

아! 화요일. 아파트 상가 중국집이 쉬는 날이다.

냉장고를 지키며

■

인생은 짧습니다. 행복과 불행, 쾌락과 고통 모두 한순간입니다. 인간들은 백세시대라고 떠들지만, 허세일 뿐입니다. 기나긴 우주의 시간에서는 그냥 한 점에 불과합니다. 나는 그 점도 찍지 못한 채 세상을 떠나야만 합니다. 천도재까지 바라지 않지만, 나의 껍데기만이라도 고향 땅에 뿌려 주면 좋겠습니다. 혹시 환생한다면 담벼락에 올라 '꼬끼오~'라고 목청껏 소리치며 새벽을 깨우고 싶습니다.

3~4천 년 전. 우리 조상들은 인도, 말레이시아 같은 동남아에서 살았습니다. 넓은 초원을 힘차게 달리고 부채처럼 커다란 날개를 퍼덕거리며 나무 위를 날아다녔습니다. 행복한 시간의 연속이었습니다. 아무런 구속도 두려움도 없는 자유는 한순간에 무너

집니다. 마침 먹거리를 찾고 있던 인간들에게 쉽게 포획되었고, 그때부터 잘 달리지도 날지도 못하게 되었습니다. 명색이 조류인데 시골의 철망 달린 함석집에 살면서 인간들에게 먹이를 구걸한다는 게 말이나 됩니까. 그렇다고 선조를 원망하지 않습니다. 좋든 싫든 바꿀 수 없는 나의 뿌리입니다.

나는 어머니 뱃속에서 엘리트 코스를 밟았습니다. 잘 자고, 잘 먹고, 잘 놀았습니다. 초시일관 노란 병아리가 되겠다는 일념으로 공부와 운동을 게을리하지 않았습니다. 공부한 것 중 '줄탁동시啐啄同時'라는 사자성어만 기억납니다. 원래 우리 가문이 머리가 좋지 않습니다. 그래도 단백질과 비타민, 필수 아미노산으로 가득 채워진 나의 동그란 몸뚱이는 영양덩어리 그 자체입니다. 모든 준비를 끝내고 기다렸으나 어머니는 끝내 나의 머리를 두드리지 않았습니다. 세상사 마음먹은 대로 되는 게 뭐 있겠습니까. 그저 게으르게 잠만 자고 있던 나 자신을 원망할 뿐입니다.

요즘 '웰빙'에 이어 '웰다잉'이 추세라고 합니다. 즐겁게 사는 것 못지않게 아름답게 죽음을 맞이하는 것도 중요하다는 말이겠지요. '아름다운 죽음' 나에게는 사치스러운 말입니다. 나는 생生으로, 아니면 뜨거운 물 속이나 프라이팬 위에서 죽음을 맞이해야 합니다. 특별한 고통 없이 생으로 눈을 감는 것이 그나마 다행인데, 주로 목을 많이 사용하는 사람들이 나를 그렇게 먹습니다. 장어 꼬리가 남자의 정력에 좋다는 말처럼 아무 근거 없는 이야기입니다. 나에게는 그런 성분이나 능력이 없습니다.

나를 힘들게 하는 죽음은 물속에 넣고 끓이는 것입니다. 프라이팬 위에서의 고통이야 잠시지만 더운물 속에서는 10분 이상 뒹굴며 온몸을 바동거려야 합니다. '팽형烹刑'이라는 형벌이 고대 중국과 조선 시대에 잠시 있다가 사라졌다는데, 아무런 죄도 없는 내가 이런 끔찍한 벌을 받는다는 게 너무 가혹하다고 생각합니다. 시대가 바뀌어도 케케묵은 관습과 전통이 여전히 많이 남아 있습니다.

나는 50g 정도의 몸무게에 잘 깨지는 피부를 갖고 있습니다. 사람들은 그렇게 연약한 나를 갖고 바위를 친다고 말합니다. 너무 허무맹랑한 말이지만 곰곰이 생각해보면 이해가 됩니다. 바위를 깨뜨리기 위해 나의 몸을 던지는 것은 아닙니다. 노랗고 하얀 나의 분신들을 터뜨려 흔적을 남기기 위함입니다. 그 흔적은 각자의 욕망과 울분, 삶에 대한 저항입니다. 거대한 장벽 앞에 선 시위현장에서 내가 초개처럼 몸을 던지는 이유입니다. 신체가 허약하더라도 정신이 살아있으면 두려울 게 없습니다.

누구의 삶이든 슬픈 이야기만 있는 것은 아닙니다. 나름 보람과 긍지를 느낄 때도 있어야 합니다. 사람들이 좋아하는 국수와 떡국, 만둣국, 비빔밥 등의 요리를 만들 때, 나는 고명이나 지단이란 이름으로 그 음식의 최고 상석에 올라갑니다. 무시무시한 물과 불의 전투에서 승리한 개선장군처럼 모든 재료를 통제하고 지휘하는 기분입니다. 아무리 힘든 일이 있어도 그때를 생각하면 저절로 기분이 좋아집니다. 가끔 그런 착각을 하면서 살아가는 것도 그리 나쁘지는 않습니다.

나도 한때는 아이돌 못지않은 인기가 있었습니다. 소풍이나 기차여행을 가는 즐거운 시간에는 사람들이 나를 꼭 챙겼습니다. 점심 도시락 속에 나의 유무에 따라 학생의 품위가 달라졌고, 남학생들은 나를 서로 차지하기 위해 주먹질도 불사했습니다. 다방에서 커피나 쌍화차를 마실 때, 나의 노른자를 띄우고 참기름까지 몇 방울 떨어트려 즐기던 시절도 있었습니다. 무엇보다 기억에 남는 건 할머니의 따뜻한 손으로 시퍼렇게 멍든 손자의 눈가에 나를 문질러 주던 시간이었습니다. 어머니와 할머니를 모르는 나는 그 할머니의 사랑스러운 손길을 다시 한번 느끼고 싶습니다.

한때 나는 병아리로 태어나지 못한 것을 많이 불평했습니다. 지금은 내 운명에 충실하면서 나름 즐겁게 살다 가려고 노력합니다. 병아리로 태어났더라도 삼계탕이나 치킨집에서 생을 마감해야 하고, '조류인플루엔자(AI)와 살충제' 같은 뜻하지 않은 사건으로 살처분을 당한 우리 종족들이 수천만에 이릅니다.

어떻게 태어났든, 어떻게 살든 편안한 삶은 없습니다. 나만 힘들게 산다고 생각하지 않았으면 좋겠습니다. 각자 가야 할 길이 따로 있고, 그 길 위에서 작은 행복을 찾으려고 노력하면 됩니다.

나는 사람들에게 풍부한 영양과 맛있는 음식을 제공하기 위해 존재합니다. 몇몇 셰프들은 나를 가격 대비 최고의 식재료라고 말합니다. 아무리 비싸도 300원 안팎입니다. 앞으로 나를 이용한 다양하고 맛있는 요리가 누군가에 의해서 계속 개발될 것입니다. 나의 무한한 변신을 기대해 주십시오.

오늘도 나는 캄캄한 냉장고를 지키며 당신의 손길을 기다립니다. 무슨 요리를 만들지 모르겠지만 알맞은 때깔과 색다른 맛을 제공하기 위해 최선을 다하겠습니다.

믹스커피 애호가

예비고사를 치고 다방에 처음 갔다. 벌건 대낮에 친구들을 만나 잡다한 이야기를 나눌 장소가 거기밖에 없었다. 노인들만 가는 것으로 생각했던 다방에 들어서자 얼떨떨한 기분이 들었다. 은은한 조명이 발산하는 이상야릇한 분위기, 아지랑이처럼 피어오르는 자욱한 담배 연기, 서울말을 쓰는 DJ의 목소리, 미소를 머금은 채 짧은 치마를 입고 서빙을 하는 예쁜 레지. 지금까지 몰랐던 새로운 세상이었다.

말로만 들었던 커피의 첫맛에 눈살이 찌푸려졌다. '촌놈' 소리를 듣지 않기 위해 설탕을 듬뿍 넣어 후루룩후루룩 불어 가며 마셨다. 두세 달이 지난 후에는 누군가를 기다리며 커피를 두어 잔 마실 정도가 되었다. 점점 다방 분위기와 커피 맛에 중독되어 갔다. 청춘이 무엇인가를 고민할 때, 설레는 마음으로 미팅을 할 때, 첫사랑이 파투났을 때, 팝송 〈Ebony Eyes〉와 〈Vincent〉를 들으며 커피를 마셨다. 군에 가기 전 2년 동안 다방은 나의 안식처였고, 커피는 내 마음의 청량제였다.

'지옥처럼 검고, 죽음처럼 강하며, 사랑처럼 달콤하다.' 커피에 대한 터키의 속담이다. 이런 이상한 성질을 가진 커피의 고향은 아프리카의 '에티오피아'라는 나라다. 6~7세기경, 초원에 살던 양치기 소년은 양들이 붉은 열매만 먹으면 흥분하여 뛰어다니는 것을 발견했다. 호기심에 그 열매를 먹어 보니 신기하게 기운이 나면서 상쾌해졌다. 소년은 열매를 이슬람 사원으로 가져갔다. 사원에서 이 열매를 끓여 마시거나 약으로 사용한 것이 커피의 시작이라고 한다. 이후 커피는 아라비아와 유럽으로 전파되면서 전 세계로 퍼져나가게 되었다.

우리나라는 고종 황제가 커피 맛에 처음 눈을 뜬 이래, 커피에 대한 세간의 관심은 유별날 정도로 대단하다. 심지어 '대한민국은 커피공화국'이라고 말하는 사람도 있다. 동네 구석구석에 보이는 커피전문점, 편의점을 점령하고 있는 커피 음료, 커피를 들고 바쁘게 이동하는 사람들을 여기저기서 볼 수 있으니 틀린 말은 아닌 것 같다. 업계 조사에 따르면 우리나라의 성인은 평균 하루 두 잔 정도의 커피를 마신다고 한다. 이제 커피는 대한민국의 대표 기호식품이자 하나의 생활문화로 발전하고 있다.

다른 음료보다 커피가 우리 입맛을 빠르게 사로잡은 이유는 많은 외국인도 독특한 맛을 인정하는 일회용 커피, '믹스커피'의 개발과 무관하지 않다. 사무실이나 가정, 식당에서 누구나 편리하게 먹을 수 있도록 커피가 준비되어 있다. 뜨거운 물만 부으면 즉시 마실 수 있어 자연스럽게 커피와 친숙하게 되었다. 몇 년 전, 특허청에서 페이스북 이용자들을 대상으로 한국을 빛낸 발명품 10선을 조사했다. 훈민정음, 거북선, 금속활자, 온돌에 이어 '믹스커피'가 5위에 뽑힐 정도니 얼마나 대단한 음료인가.

나는 믹스커피 애호가다. 군을 제대하고 지금까지 다방에 출입한 횟수는 다섯 손가락으로 꼽을 수 있지만 믹스커피를 마신 양은 이루 헤아릴 수 없다. 밖에서는 자판기가, 실내에서는 봉지 커피가 마련되어 있으니 굳이 다방에 갈 필요가 없었다. 우리 집 수납장에는 180개들이 믹스커피 한 박스가 여분으로 항상 준비되어 있다. 쌀이 없으면 라면이나 국수를 끓여 먹으면 되지만 믹스커피를 대체할 음료는 없다. 그래서 외국 여행을 갈 때 김치보다 먼저 챙겨야 하는 중요한 필수품 중 하나다.

나에게 믹스커피는 감사의 표시였다. 직장에서 일과를 시작하기 전 '오늘도 즐겁게'라는 다짐을 하면서, 식사를 마친 후 '맛있게 잘 먹었다'는 감사하는 마음으로 커피를 마셨다. 업무를 같이하는 동료들끼리 서로 고마운 마음을 전달할 때도 믹스커피 한 잔을 돌렸다. 손님이 찾아오면 반갑다는 의미로 부담 없이 가볍게 마셨다.

장소에 구애받지 않고 누군가와 함께 마시며 소탈하게, 때로는 진지하게 대화를 나눌 수 있는 촉매제 역할을 해주었다.

더운 여름날이었다. 혼자 처가에 가기 위해 시골길을 달리고 있었다. 처가의 아랫동네에 사는 할머니가 무거운 짐을 들고 걸어가는 모습을 보고 집 앞까지 태워드린 후, 짐을 마루까지 옮겨주었다. 돌아서 나오려고 하자 할머니는 기어코 나를 마루에 앉히면서 음료수라도 한 잔 마시고 가라고 권했다. 잠시 후 얼음이 둥둥 떠 있는 큰 사발을 들고 오셨다. 믹스커피 세 봉지를 넣은 것 같았다. 나는 숟가락으로 휘휘 저은 후 숭늉처럼 벌컥벌컥 들이켰다.

바람이 쌩쌩 부는 추운 겨울, 버스를 기다리는 할아버지에게 정류소 옆 미용실 아주머니가 따뜻한 커피가 담긴 종이컵을 들고 나와 대접하는 장면을 얼마 전에 목격했다. 근처에 있던 나는 커피를 얻어먹지 못했지만, 버스를 기다리는 시간이 그렇게 지루하지는 않았다. 더울 때는 시원한 정을, 추울 때는 따뜻한 정을 나눌 수 있는 적절한 음료가 일회용 커피다.

젊은 층이나 일부 여성들은 에스프레소와 아메리카노, 카푸치노와 카페라떼 등의 커피를 좋아한다. 내 입맛과는 맞지 않는다. 짜장면 한 그릇 값과 비슷한 가격도 가격이지만 약간 쓴맛과 함께 느끼한 기분까지 든다. 얼마 전 여성 문인들과 함께 커피전문점에 가서 아메리카노를 한 잔 마셨다. 속이 불편해지면서 입에서는 뭔가 익숙한 맛을 요구하고 있었다. 머릿속에서는 믹스커피가 자꾸 생각나 도저히 앉아 있을 수가 없었다. 얼른 밖으로 나와 자판기 커피를 한 잔 뽑아 마신 적도 있다.

커피는 맛과 향이 중요하다. 나는 믹스커피의 달곰쌉쌀한 맛과 구수한 향을 좋아한다. 쌉쌀한 맛과 달콤한 맛이 어울려야 우리가 살아가는 인생이고, 그 인생의 맛을 담아낼 수 있는 커피가 진정한 커피다. 우리의 삶에서 달콤한 맛이나 쌉쌀한 맛만 있다면 사는 의미도 재미도 없을 것이다. 커피 맛 또한 그렇다. 다만 쌉쌀한 맛보다 달콤한 맛이 조금 더 난다며 커피는 더 맛있을 것이고, 우리의 생활도 조금은 여유가 있다고 말할 수 있지 않겠는가.

힘들고 지루한 시간에는 믹스커피를 한 잔 들고 베란다로 나간다. 금련산에서 불어오는 상쾌한 바람을 맞으며 언젠가 나에게도 좋은 날이 올 거라는 생각을 해본다.

닭똥집

옛날에는 길거리에 개똥과 소똥이 많았다. 한 번쯤 밟아보지 않은 사람이 없을 정도다. 고무신에 똥이 묻으면 고약한 냄새가 온몸에 배었다. 부끄럽고 창피해서 얼른 개울가나 수돗가로 달려가 씻어냈다. 어릴 적, 똥은 더럽고 역겨운 것으로 여겼다. '똥'이란 글자가 들어간 단어, '똥장군 똥돼지 파리똥' 등에서는 이상한 냄새가 풍기는 느낌이 들어 읽고 쓰기조차 거북스러웠다.

나이가 들고 다양한 경험을 하면 호불호가 바뀌기도 한다. 15년 전쯤, 치루에 걸려 병원에 며칠 입원한 적이 있다. 퇴원하는 날, 아침에 나오는 황금색의 굵은 똥이 반가워 얼굴에 화색이 돌았다. 가래떡 모양에 향긋한 냄새까지 더해져 한번 만져보고 싶은 생각이 들기도 했다. '똥'이라 글자가 들어갔다고 다 불결한 것은 아니라는 생각이 든다. 애기똥풀, 개똥벌레, 물똥싸움, 똥 기저귀, 지우개 똥, 등의 이름은 앙증맞고 귀엽다. 약으로 쓰는 개똥쑥도 있지만, 애주가가 즐겨 찾는 이름은 '닭똥집'이다.

대부분 동물이 음식을 먹으면 이빨로 꼭꼭 씹어 잘게 부순 다음, 식도를 통해 위로 내려보낸다. 닭과 같은 조류는 이가 없다. 대신 평소에 가끔 삼키는 작은 모래알을 내장의 '모래주머니'에 담아둔다. 모래주머니는 근육의 힘으로 모래를 움직이게 하여 집어삼킨 음식을 으깨는 소화 기관이다. 내장형 이빨이라고 할 수 있다. 다른 동물의 위나 밥통 역할을 하는 모래주머니를 '닭똥집'이라 부른다. 어감이 좋지 않아 방송에서는 '닭모래집'으로 순화하여 부르고, 시장에서는 위의 근육을 의미하는 '닭근위筋胃'라는 이름으로 판매되고 있다.

중학교 다니면서 닭똥집을 처음 접했다. 급한 용돈이 필요할 때, 어머니가 과일 장사를 하는 청과시장에 이따금 내려갔다. 밤 8시쯤 가게 문을 닫으면 어머니는 대폿집에 꼭 들렀다. 같이 장사하는 상인들과 막걸리 두세 잔을 마시며 하루의 회포를 풀기 위해서였다. 빈 테이블에 앉아 지루하게 기다리는 나에게 환타 한 병과 함께 막걸리 안주를 조금 덜어주었다. 한번은 말라붙어 단단해 보이는 밤색 고깃덩어리 몇 점을 받았다. 처음 보는 이상한 고기가 뭔지 궁금해 어머니에게 물었다. "닭똥집이야, 맛있어. 먹어 봐."

단어에 '똥'이 들어가 있어 코를 살짝 갖다 대어보았지만, 똥 냄새는 나지 않았다. 술좌석이 끝나려면 아직 한참이라는 생각에 하나를 집어 입안에 넣었다. 돌처럼 딱딱한 게 껌처럼 질겅질겅 씹힌다. 아작아작한 식감의 고기 맛이 입안을 가득 채웠다. 지난 아버지 생일 때 먹었던 돼지 껍질을 씹는 기분이다. 접시를 비우자 주인아주머니가 잘 먹는다며 몇 개를 더 주었다. 어머니가 미소를 지었다. 집에 가는 동안 턱이 조금 아팠으나 기분은 좋았다.

대입 재수를 하면서 꼭 대학을 가야만 하는지에 대한 고민과 미래에 대한 불안을 토로하기 위해 친구랑 포장마차에 종종 갔었다. 우리 형편으로 먹을 수 있는 안주는 어묵과 닭똥집뿐이었다. 따끈한 국물과 오래 씹을 수 있는 고기가 있어 조기매운탕과 두루치기를 먹는 손님이 부럽지 않았다. 가난한 집에서 태어난 게 서러워서 잔을 들었고, 시험으로 젊은 인생의 미래를 결정하는 현실이 서글퍼 잔을 비웠다. 어쩌면 우리는 잉여 인간일지도 모른다는 생각이 들었지만, 언젠가 포장마차의 비싼 안주처럼 대접받을 수 있다는 희망으로 잔을 부딪쳤다.

그 후, 친구는 회사에 다니다가 사표를 쓰고 여러 가지 일을 했다. 현재는 창원에서 아들과 함께 치맥 술집을 운영한다. 얼마 전, 창원에서 모임을 마치고 친구 가게에 들렀다. 같이 간 사람들과 치킨을 시켜놓고 소맥을 마시던 중, 친구는 어묵탕과 닭똥집 구이를 서비스로 주면서 "희용아, 옛날에 돈이 없어 못 먹었던 거실컷 먹어라.”고 말한다. 춥고 힘들었던 시절이 생각나 잠시 회상에 잠겼다. 그때는 이 음식보다 못한 시절을 보냈지만 이제 좀 나아진 것 같다. 그렇다고 성공한 인생도 아니다.

‘가을 닭띠는 잘산다.’는 속담이 있다. 추수한 마당에 떨어진 먹이가 많아, 닭들이 마음껏 먹는 것처럼 가을에 태어난 닭띠는 잘산다는 의미다. 나는 시월 중순에 태어난 전형적인 가을 닭띠지만 그 속담과는 거리가 멀다. 2019년 농촌경제연구원의 발표에 따르면 우리나라 국민은 1년 평균 열다섯 마리 정도의 닭을 먹는다고 한다. 대략 1년에 7억 5천만 마리의 닭과 그만큼의 닭똥집이 간식이나 술안주로 소비된다. 나는 닭요리를 평균 이상으로 먹는 이상한 닭띠다.

닭똥집은 다른 가축의 부산물, 곱창이나 내장탕처럼 누군가와 함께 먹는 것보다 혼자 먹어야 더 깊은 맛을 느낄 수 있다. 가끔 허름한 술집에 가서 닭똥집을 안주 삼아 소주를 마실 때가 있다. 소주 한잔에 똥집 하나를 먹으면 딱 맞다. 좋아하는 술과 음식이 있어 외롭지 않다. 오래오래 씹으며 나는 닭똥집처럼 끈질기고 치열하게 살아가고 있는가 생각해 본다. 비록 많이 가지진 못했지만, 작은 나눔이라도 실천하면서 좀 더 열심히 살아야겠다고 마음먹는다.

한약재로도 사용되는 닭똥집의 수요가 늘어나면서 요리 방법도 다양해 지고 있다. 단순하게 소금과 후추, 참깨와 청양초만 넣어 볶음으로만 먹던 방식에서 '똥집 튀김'이란 메뉴가 탄생했다. 생으로나, 튀김옷을 입혀 튀긴다. 한발 더 나아가 양념치킨처럼 빨간 옷을 입힌 '양념 똥집'으로 변신을 시도하고 있다. 전통을 고집하는 요리도 있지만, 대부분 음식의 조리 방법이 다양하게 변하고 있다. 세상이 빠르게 바뀌고 있는 것처럼 우리의 삶에도 변화를 주어야 한다. 어른이라는 계급장을 달고 과거의 사고에 묶여 있으면 우물 안에 칩거한 개구리와 똑같이 될 수도 있다.

따로 사는 자식들이 집에 오면 가끔 삼계탕을 먹으러 간다. 주 요리가 나오기 전에 인삼주와 닭똥집이 나온다. 아들과 며느리에게 술을 따라주며 안주로 닭똥집을 권한다. 옛날 막걸리를 마시며 똥집을 건네주던 어머니가 생각난다. 벌써 세월이 많이 흘렀다. 한참의 시간이 지나 내가 어머니 곁에 가 있을 때, 아들 부부는 나의 손자들에게 맛있게 보이는 똥집 하나를 입에 넣어줄 것이다. 보잘것없는 음식 하나가 우리 가족의 작은 이야기를 만들어 주는 듯하다.

치아가 더 부실해지기 전에 양념 똥집을 실컷 먹어 봐야겠다.

고등어

가게마다 인산인해다. 상인들의 손놀림과 손님들의 발걸음이 분주하다. 가격을 흥정하고 덤을 챙기려는 소리가 정겹게 들린다. 이곳 '기장시장'에는 인근 해녀들이나 어부들이 직접 잡은 해산물이 많이 거래되고 있다. 특히 전어와 갈치, 대게와 고등어가 제철을 맞으면 시장통은 발 디딜 틈조차 없다.

가끔 광안리를 출발점으로 해운대와 송정을 거쳐 일광해수욕장까지, 약 30㎞의 해안가를 따라 드라이브를 간다. 차창 사이로 밀려오는 바닷바람으로 기분을 전환한 후, 돌아오는 길에 들르는 기장시장은 당일 외출의 마지막 코스다. 시장에서 무엇을 사야겠다고 마음먹은 찬거리가 없어도 이것저것 구경하면서 한 바퀴 돌고 오면 더 열심히 살아야겠다는 의욕이 생긴다.

주말의 시장은 입구부터 북적거린다. 멀찍이 간판만 보이는 생선가게는 점포를 뱅 에워싸고 줄까지 길게 선 행렬 때문에 무엇을 파는지 알 수가 없다. 미꾸라지가 무성한 수초를 빠져나가듯 요리조리 몸을 움직여 가게 앞에 다다랐다.

'우와! 고등어다.'

높이 1m 정도의 대야 세 개에 어른 팔뚝만 한 싱싱한 고등어가 가득하다. 어부 출신인 듯한 50대 남자가 콧노래를 흥얼거리며 고등어를 손질한다. 칼 솜씨가 예사롭지 않다. 찌개용은 토막을 내고, 구이용은 배를 가르고 뼈를 추린 후, 수돗물에 씻어 소금을 뿌린 다음 봉지에 담아준다. 30분 넘게 기다렸다가 고등어가 담긴 까만 봉지를 들고 가는 손님들의 표정에서 만족감과 행복감이 넘쳐흐른다. 갑자기 고등어 요리를 먹고 싶은 마음에 뒤로 가서 줄을 섰다.

순서를 기다리며 지금 도마 위에서 난도질을 당하고 있는 고등어의 삶을 추적해 본다. 내가 조금 전 드라이브를 하면서 즐거움을 만끽했듯이 그들도 태평양과 한반도의 푸른 바다를 힘차게 헤엄쳐 다니면서 자유를 마음껏 누렸다. 생존과 종족 번식이라는 의지를 이루기 위해 열심히 살았다. 해수면 가까이 살면서 하늘에서 날아오는 새떼들의 공습을 피할 수 있도록 등 부분은 바다색과 비슷한 푸른색으로, 바닷속 포식자가 올려다보면 수면의 색과 같아 보이도록 배 부분은 흰색으로 변신했다. 그런 안전장치에 의지하여 계절을 따라 이동하는 유목민처럼 생활한다.

약자들의 소망이 강자들에 의해 쉽게 무너지듯이 고등어도 약육강식의 법칙을 벗어날 수 없다. 어군탐지선 한 척과 그물배라 부르는 본선 두 척, 운반선 두 척으로 구성된 대형선망어업의 합동작전에 걸려든 수천 마리의 고등어 부족은 하루아침에 모든 걸 접어야만 한다. 혹시나 하는 생각으로 급하게 탈출을 시도해 보지만 어림도 없다. 진공청소기처럼 생긴 '피시 펌프(fish pump)'는 순식간에 빨아들인 고등어와 바닷물을 운반선의 냉동 창고로 뱉어낸다. 그것으로 끝이다.

뭍에 올라온 고등어는 낯설고 물선 어시장에서 제2의 삶을 출발한다. 선별된 고등어들이 땅 멀미를 한 듯 생선 궤짝에 아무렇게나 널브러져 있다. 냉동차에 실려 서울로 가든, 식품 공장의 깡통에 들어가 통조림이 되든, 동네 싸구려 포장집의 안주가 되든 선택권도, 의미도 없다. 고향 냄새가 물씬 풍기는 소금과 시원한 얼음이라도 듬뿍 뿌려 주길 바랄 뿐이다.

나의 차례가 왔다. 고등어의 두 번째 죽음을 목격하는 손님들은 숙연한 표정이지만 주인은 관람객이 많아 신이 났고, 그의 아내는 들어오는 돈을 주체할 수 없어 웃음꽃이 만발했다. 시퍼렇게 날이 선 칼을 들고 단박에 대가리를 내려치는 주인이 망나니처럼 보인다. 골발骨拔작업을 당하는 고등어는 하얀 수증기와 비린내, 피를 뿜어내며 참수형을 연출한다. 온몸이 토막 나는 고통을 운명으로 받아들인 고등어는 꼬리조차 흔들림이 없다. 주검의 경험에서 나오는 품위와 의연함이 돋보인다.

작년, 고등어는 오징어와 갈치를 밀어내고 '국민 생선'의 반열에 올랐지만, 또 다른 아픔이 있다. 고등어는 등이 높다고 붙여진 이름이다. 정약전은 파란 무늬 생선을 보고 자산어보에 '벽문어碧紋漁'로, 동국여지승람에는 칼 모양과 같다 해서 '고도어高刀漁'라는 호칭을 부여했지만, 현재 '고등'이란 2음절의 한자표기는 없다. '역사를 잊어버린 민족에게는 미래가 없다.'는 말처럼 호적을 잊어버린 고등어의 미래가 오징어처럼 어획량이 줄어들고, 명태처럼 씨가 마르지는 않을까 걱정이다.

집에 도착하여 고등어를 한 번 더 씻은 후 조림을 준비한다. 고등어의 마지막 주검을 직접 거두어들여야 한다. 경건하게 보내주고 싶다. 폭신한 무를 바닥에 깔고 고등어를 조심스럽게 넣는다. 대파와 양파, 홍고추를 예쁘게 썰어 꽃가루처럼 뿌리고, 붉은 양념장을 만들어 마지막 화장을 시킨다. 가스 불을 중간쯤에 조절해 놓고 조용히 기다린다. 지금까지 아무 불평 없이 죽음을 받아들였던 고등어가 바글바글 소리까지 내며 최후의 눈물을 흘린다.

고등어로 만든 조림과 찌개, 구이는 누가 하든 다 맛있다. 어머니가 만들어 준 고등어조림은 굶주림을 달래주었고, 누나가 끓여 준 찌개에는 막냇동생에 대한 사랑이 있었고, 최루탄 가스와 곤

봉을 피해 숨어들었던 포장집 할머니의 고갈비에는 청춘과 우정이 있었다. 아내는 자반고등어를 구우면서 가족의 건강과 자식들의 성공을 기원했고, 지금 내가 끓이는 요리에는 고등어에 대한 연민의 정을 고명으로 올렸다.

고등어는 남녀노소 누구나 좋아하는 생선이다. 언제 어디서나 부담 없이 접할 수 있고, 맛 또한 예나 지금이나 변함이 없다. 고등어처럼 한결같은 친구가 한 명만 있어도 세상의 삶이 그렇게 팍팍하지만은 않을 것이다.

예쁜 접시 위에 마지막 남은 그들의 분신에서 환영幻影이 보인다. 저 멀리 태평양에서 힘차게 헤엄쳐 오고 있는 '高等魚'에게 경의를 표한다.

부대찌개

주점酒店에는 겨울에 손님이 더 북적거린다. 따뜻한 실내에서 술을 마시면 체온 상승과 함께 분위기가 후끈 달아오른다. 추위와 허기를 달래기 위해 뜨끈한 국물 안주를 먼저 시킨다. 알싸한 소주의 첫 잔을 한입에 털어 넣으면 가슴에 쌓인 답답함이 확 풀리고, 얼큰하고 시원한 동태탕이나 부대찌개의 뜨거운 국물을 한 숟가락 떠먹으면 얼었던 몸이 발끝까지 스르륵 녹는다.

겨울철 국물 안주는 감자탕 어묵탕 알탕 해물탕 등 종류가 다양하다. 그중 부대찌개는 주재료인 햄과 소시지, 베이컨에 여러 가지 부재료를 혼합하여 끓인다. 70여 년 전, 누군가 우리 입맛에 맞지 않는 햄과 소시지를 매운 김치 국물에 넣고 찌개를 만들려고 시도했다. 햄에서 기름과 소금기가 배어 나와 국물의 간과 식감을 살려주었고, 소시지와 김치 국물이 어우러진 풍미는 식욕을 자극했다. 게다가 햄과 소시지는 매운 국물을 흡수하여 육질이 부드러워졌다. 본격적으로 서민들이 저렴하고 맛있게 먹을 수 있는 부대찌개가 탄생하게 되었다.

'부대찌개'라는 이름은 '군대찌개'라는 별칭이 의미하듯 식량난에 허덕이던 6·25 전쟁 직후, 미군 부대에서 빠져나온 물건들이 뒷거래되는 과정에서 만들어졌다. 찌개는 매워야 한다는 한국요리의 정체성과 서양의 특별한 음식 재료가 합쳐져 우리나라 최초의 동서양 퓨전 요리로 주목받고 있다. 부대찌개의 원조는 미군이 많이 주둔했던 의정부와 파주 지역이지만 지금은 군부대와 관련 없이 일반 음식으로 자리 잡았다.

1970년대 후반, 서울의 마장동터미널에서 시외버스를 타고 북쪽으로 달리면 의정부와 파주가 나온다. 더 올라가면 연천과 비무장지대까지 갈 수 있다. 연천은 내가 33개월 동안 군대 생활을 했던 곳이다.

입대한 지 6개월 만에 첫 휴가를 나왔다. 입대 동기 두 명과 마장동터미널 근처에서 부대찌개를 처음 먹었다. 통제와 압박에서 풀려난 해방감, 휘황찬란한 도시 풍경, 오랜만에 보는 민간인 여자들, 꿀맛 같은 소주. 아! 이 자유와 행복을 얼마나 애타게 기다렸던가. 그 순간은 부모님도 애인도 친구도 생각나지 않았다. "우리, 집에 갈 차비만 남겨 놓고 휴가비 다 쓰고 가자." "그래, 좋다.” 잔이 깨질 듯 부딪치며 술을 마셨고, 2차와 3차를 마치고 인근 여인숙에서 1박을 했다. 다음날 해장으로 다시 시원하고 얼큰한 부대찌개를 먹고 각자의 집이 있는 부산과 울산, 마산으로 향하는 고속버스에 몸을 실었던 기억이 난다.

10여 년 전까지만 해도 부산 경남 지역에 부대찌개를 파는 식당이 많이 없었다. 현재 사는 아파트로 이사 오면서 동 대표를 1년 했었다. 105동 대표와 친해지면서 그의 집에 자주 가서 술을 마셨다. 의정부에서 군대 생활을 하던 중에 만나서 결혼한 그의 아내는 매번 부대찌개를 끓여 주었다. 옛날 휴가 때 먹었던 것과 비교도 할 수 없을 정도로 훨씬 맛이 좋았다. 특이하게 돼지고기와 미더덕을 넣어 한맛 더한 것 같았다. 의정부 출신 여자가 끓여 준 부대찌개를 먹으면서 식당에서 왜 ‘원조’를 중요시하는지 그 이유를 알게 되었다.

서민들이 즐겨 먹는 요리 중에 부대찌개처럼 여러 가지 재료를 혼합하여 만든 음식이 많다. 유럽에는 어려웠던 시절에 고기와 채소를 섞어 찌개처럼 끓여 먹었던 스튜, 일본에 거주하는 화교 노동자들의 허기를 달래기 위해 개발된 짬뽕, 차례나 제사를 지내고 남은 튀김과 전, 생선과 나물을 넣고 끓이는 잡탕찌개, 냉장고에 오랫동안 남아 있는 반찬과 밥을 섞어 만드는 국밥, 등이 비슷한 부류의 음식이다. 굶주림을 달래기 위해, 남은 음식을 빨리 처리하기 위해 궁여지책으로 만들어진 음식이지만 우리들의 아픈 과거와 삶의 애환이 담겨 있는 음식이다.

퇴직 후, 가족을 위해 5년 정도 주방을 책임진 적이 있다. 그 전에 내가 할 수 있는 요리는 라면국밥과 부대찌개를 끓이는 것밖에 없었다. 거실 소파에 몸을 파묻은 채 TV만 보다가 아내 혼자 바쁘게 집안일을 하는 게 미안해서 점심을 준비하게 되었다. 약간의 불안감도 있었지만 한번 해보자는 배짱으로 가족을 위한 첫 요리를 만들었다. 묵은지와 김치 국물을 기본으로 나물 반찬이나 찬밥이 많이 남아 있으면 라면국밥을, 애들이 좋아하는 햄과 소시지가 있으면 이것저것 섞어서 부대찌개를 끓였다. 아마 어릴 적 혼밥을 자주 하면서 찬장에 남아 있는 반찬을 섞어 비벼 먹거나 끓여 먹었던 추억을 소환하고 싶은 마음도 있었을 것이다.

음식을 식탁에 올렸을 때 가족들이 잘 먹어주고 맛있다고 칭찬하면 계속 그 음식을 더 맛있고 정성스럽게 만들려고 노력한다. 아내와 애들이 너무 맛있게 잘 먹어주어서 라면국밥과 부대찌개를 20년 넘게 한 달에 두어 번 정도 만들어 먹었다. 세월이 흐르면서 나의 대표 요리를 먹어줄 아이들이 분가해서 나가고 없다.

코로나 사태로 사람들의 주머니 사정이 팍팍해졌다. 어려운 경제를 반영하듯 힘든 시절에 먹었던 부대찌개를 찾는 애주가와 판매하는 주점이 많이 늘었다. 한편으로 반갑기는 하지만 늘어나는 주름살과 심리적 위축에 가슴이 아프기도 하다.

서민들의 먹거리는 질 못지않게 양과 가격도 중요하다. 최근

부대찌개에는 당면과 라면, 만두와 푸성귀 등의 다양한 부재료가 첨가되어 네 명이 앉아, 만 원짜리 하나면 추위와 허기를 달랠 수 있다. 부족하면 육수와 사리를 추가하면 된다. 빠른 속도로 변하는 시대의 흐름에 맞추어 부대찌개도 군부대 지역에서 탄생했다는 오명과 저급 음식이라는 한계를 넘어 시대를 반영하는 서민 음식으로 자리매김하고 있다.

술좌석에서 친구들과 논쟁을 벌일 때가 가끔 있다. 소신이 같을 수 없지만 다른 재료를 수용하고 융합해서 새로운 맛을 내는 부대찌개의 교훈을 생각하며 함께 어울려 살아갈 수 있으면 좋겠다. 친구들과 부대찌개를 먹으며 화기애애하게 재밌는 얘기를 나누다 보면 올겨울도 그렇게 길지만은 않을 것 같다.

부대찌개는 힘겨운 시간을 함께 나눌 수 있는 따뜻한 정이다.

동네 맛집

TV 채널마다 음식 관련 프로그램이 상당히 많아졌다. '맛집 기행, 맛있는 녀석들, 백반 기행, 돈쭐내러 왔습니다.'처럼 제목과 내용이 다양하다. 유명 셰프나 식당 주인이 조리한 음식을 시식하는 출연진들은 "으음, 감칠맛 난다. 최고의 맛이다."라고 천편일률적인 칭찬을 한다. 시청자들은 자신도 모르게 군침을 흘리며 소개된 음식을 한 번 먹어봤으면 좋겠다고 생각한다.

인터넷 방송에서는 먹방이 주요 아이템으로 자리를 잡았다. 먹방은 엄청난 음식을 쌓아 놓고 끝까지 꾸역꾸역 먹는 방송을 말한다. 해외에서 한국의 먹방을 괴이한 문화로 봤지만, 지금은 'Mukbang'이란 용어까지 사용하며 누구나 즐기는 콘텐츠가 되었다. 이유는 다양하겠지만 개별화된 사회에서 개인의 욕구 분출과 먹고 살아야 한다는 원초적 욕망에 대한 대리 만족을 느끼는 시청자가 증가하는 추세다. 먹방이나 맛집을 찾아다니는 방송이 어디까지 진화할지 귀추가 주목된다.

맛집은 여러 가지로 의미가 있는 장소다. 맛집을 찾아가는 길에는 개인의 자취와 추억이 만들어지고, 기다리는 동안의 기대감과 음식을 먹으면서 행복함을 느낄 수 있다. 스마트폰에는 '우리 동네 맛집, 주변 맛집, 숨은 맛집' 등의 새로운 서비스가 생겨 찾아가기도 편하다. 최근에 '마약떡볶이, 마약커피, 마약김밥'처럼 '마약'이란 단어를 음식 이름 앞에 붙여 사용하는 맛집이 눈에 띈다. 맛있고 중독성이 강한 음식이라는 의미를 강조하기 위해서다. 청소년들이 마약은 먹을 수 있는 좋은 음식이라고 오해하지 않을까 걱정이다. 식당의 매출도 중요하지만, 우리 사회의 밝은 미래를 위해 지양되었으면 좋겠다.

생활의 여유가 생기면서 단순한 한 끼 식사보다 맛있는 먹거리를 원한다. 맛집을 찾아 여행을 다니는 게 유행이고 자랑거리가 되었다. 여행을 가면 명승지 관람보다 먹거리에 관심을 가지는 사람이 더 많을 거라고 짐작한다. 나도 한때는 차를 몰고 맛집을 찾아 여기저기 바쁘게 다녔지만 이제 나이 들면서 운전하고 돌아다니는 게 점점 힘이 든다. 굳이 멀리 가지 않더라도 집 근처 가까운 곳에 지금까지 몰랐던 맛집이 많다는 사실을 인지하지 못하고 있었다.

요즘 동네마다 맛집이 많다. 우리 동네에도 다양한 맛집이 즐비하다. 아파트 세대수가 많기도 하지만 가까운 곳에 재래시장과 멀지 않은 바다 인근에 회센터가 자리 잡고 있어 언제든지 원하는 음식을 먹을 수 있다. 입구 도로변에는 돼지국밥과 콩나물국밥, 한정식을 취급하는 식당을 비롯하여 분식집, 커피점, 빵집, 등이 경쟁적으로 들어 서 있다. 시장에서 시래깃국과 들깨칼국수를 맛보기도 하고, 어묵이나 호떡 같은 간식으로 허기를 달래기도 한다. 회를 먹으러 회센터에 가면 광안대교와 출렁이는 파도가 보여 신선한 맛과 낭만적인 분위기를 한꺼번에 즐길 수 있어 좋다.

집 근처에 맛집이 많으면 문학단체 모임이나 학교 동기회, 지인들과 술자리 등의 약속 장소가 집에서 가까워 참석하기 편하다는 장점이 있다. 반면에 꼭 참석해야 한다는 부담과 인근에서 술을 마시던 친구들의 전화가 자주 걸려와 불편한 점도 없지 않다. 한번은 집에서 1㎞ 정도 떨어진 포장집에서 갑자기 한잔하자는 친구의 전화가 왔다. 바쁘다는 핑계를 둘러댈 수 없어 급하게 챙겨 나간 적이 있다. 근처에 맛집이 많은 덕분에 친구들이 나를 잊지 않고 연락해주는 것도 큰 복이라 생각한다. 건강을 잘 유지해야 하는 이유이기도 하다.

젊을 때, 술안주로 회보다 삼겹살과 족발, 고갈비 등을 선호했다. 학교에 근무하면서 회를 무척 좋아하는 동료와 자주 어울렸고, 아내도 회를 좋아한다는 사실을 뒤늦게 알았다. 횟집에 자주 다니면서 자연스럽게 회는 내 몸에 맞는 음식이 되었다. 나이 들면서 횟집이 고깃집보다 편하게 느껴진다. 가족이나 지인이 회를 먹으러 가자고 하면 시간과 거리에 상관없이 따라나선다.

개인적으로 자주 가는 동네 맛집 중, '광명돼지국밥'과 '수영낙지볶음'이 있다. 내 입맛에 딱 맞는 두 식당은 거리가 2㎞ 정도 떨어져 있고 상호가 달라 전혀 연관성이 없다고 생각했다. 한번은 돼지국밥을 먹고 나오다가 카운터에 '수영낙지볶음'의 명함이, 얼마후에는 낙지볶음을 먹으러 갔다가 '광명돼지국밥'의 명함이 놓여있는 것을 보았다. 궁금해서 계산원에게 물었더니 사장이 같은 분이라고 했다. '아! 어쩐지 양념 맛이….' 돼지국밥과 낙지볶음은 양념장이 생명이다. 동일한 사장이 만든 양념이 내 입맛을 사로잡고 있다.

집에서 20분 거리에 있는 '○○아귀찜'과 '△△고깃집', '□□복국' 집에도 자주 간다. 가끔은 대기표를 받고 줄을 서야 하는 불편함도 있지만 원하는 음식을 먹기 위해서는 약간의 인내심을 발휘해야 한다. 한번은 점심 특선을 먹기 위해 복국집에 갔었는데 식당이, 아니 건물 자체가 사라지고 없었다. 자신이 좋아하는 맛집이 없어졌다는 것은 삶의 즐거움 하나를 잃어버린 것과 같다. 허탈감이 들었지만, 복국집 사장이 새 건물을 지어 다시 오픈한다는 소식으로 위안을 받았다. 1년쯤 지나, 주차장까지 갖춘 새 건물에 복국집이 다시 문을 열었다. 더 넓어지고 깔끔해진 식당에 앉아 복국을 먹으니 한맛 더 나는 느낌이었다. 며칠 동안 기분이 좋았다.

맛집의 생명은 맛과 청결과 친절이다. 그것들이 없다면 손님들이 찾아오지도 않고, 단골손님조차 외면할 것이다. 덧붙여 주인과 종업원들 스스로 맛있고 건강한 음식을 소비자에게 제공한다는 자부심과 자긍심을 가져야 한다. 그들이 활기차고 친절하게 서빙하는 모습을 보면 손님들도 덩달아 기분이 좋아지고 음식이 더 맛있게 느껴진다. 단순한 생각이지만 식당이 대박을 터트리기 위한 필수조건인지도 모르겠다.

매일 맛집에 가서 음식을 먹을 수는 없다. 밥이나 국수, 라면을 먹다 보면 가끔 특정 맛집이 생각날 때가 있다. 그때 맛집을 찾아가서 맛있게 식사한다면 즐거움은 배가 될 것이다. 평소에 절약하더라도 자신의 건강과 행복을 위해 한 번쯤 사치스러운 음식을 먹는 것도 그리 나쁘지 않다고 생각한다.

묵정밭의 봄

처가가 농사짓는 시골이다. 몇 년 전까지 일 년에 예닐곱 번은 사역병으로 불리어 다녔다. 도시에서 자라고 생활하던 나는 농사철이 다가오면 입대를 기다리는 젊은이처럼 걱정과 두려움이 앞섰다. 맏사위의 체면을 지키기 위해 열심히 농사일을 거들지만, 일하는 요령이 없으니 힘은 힘대로 들고 결과도 시원찮아 눈치까지 보였다. 일을 잘하는 처남들과 동서를 보면 부럽기만 했다.

모내기와 타작, 지게질과 도리깨질, 삽질에서 곡괭이질까지 농사일을 안 해본 게 없을 정도다. 종일토록 일하고 돌아오면서 너무 힘든 나머지 아내에게 화를 내며 언짢은 말을 여러 번 했었다. 아내는 미안하다는 말을 계속했지만, 나는 '왜 하필 시골 출신 여자를 만나 결혼해서, 이 고생이야.'라고 생각하며, '애들은 시골에

본가가 있는 처자하고는 절대 결혼을 시키지 말아야지.'라는 다짐을 하기도 했다.

일은 힘들어도 좋은 점도 많이 있었다. 지금까지 필요한 식량과 같은 양념, 김치를 처가에서 가져다 먹었다. 일하면서 뜯어 온 제철 나물과 된장찌개가 밥상에 올라오면 고급 한식집의 음식이 부럽지 않았다. 밥을 맛있게 먹으면서 아내에게 미안한 마음이 들기도 했다. 그래도 다음에 가야 할 날짜가 정해지면 스트레스가 쌓였다. 그런 세월이 삼십여 년 반복되며 지나갔다. 지금 처가는 농사를 짓지 않는다. 힘든 농사일을 하지 않아 좋기도 하지만 시장에서 채소를 살 때면 아쉬운 마음도 든다.

처가의 전답은 저수지를 중심으로 몇 군데 흩어져 있다. 농사를 짓고 관리하는 사람이 없으니 논은 밭으로 바뀌었고, 그 밭도 잡초가 무성한 묵정밭으로 변했다. 농지를 찾아오는 사람도 교체되었다. 벼 베기를 하다가 막걸리를 마시며 "양서방, 힘들제"라고 말씀하던 장인어른은 안 계시고, 억척스럽게 일만 하던 장모님도 더는 농사를 지을 수 없다. 흰머리가 희끗희끗한 자식들과 가족이 나물이나 열매를 수확하기 위해 가끔 들를 따름이다. 이제 처가에 가면 시골의 계절 풍경을 즐기면서 내가 할 수 있는 일만 하면 된다.

봄볕이 완연한 사월 초. 도라지를 캐기 위해 아내와 함께 처가에 갔다. 아내는 술을 마실 줄 모르지만, 계절마다 도라지 쑥 돌복숭 매실 오가피 등을 채취하여 항아리에 술을 담근다. 술을 담그는 일은 생각보다 많은 시간과 정성이 필요하다. 처가에 가는 걸 싫어하는 남자가 뭐가 좋다고 술까지 담가 주는지. 주태백이 못지않은 애주가 남편을 위하는 마음도 있겠지만 술주정도 하지 않고, 다음 날 아침에 해장국을 끓여 달라는 말을 단 한 번도 하지 않았기 때문인지도 모르겠다.

몇 평 안 되는 도라지밭에 작년에 피었다 쓰러진 꽃대와 잡풀들이 멍석처럼 덮여있다. 나는 세 발 쇠스랑으로 잡초를 제거하면서 땅을 파고, 아내는 호미로 도라지를 캐내었다. 사 년 근 도라지가 구덩이의 반을 차지할 정도로 옹기종기 모여 있어 호미질이 조심스럽다. 생각보다 양이 많아 기분은 좋았으나 겨우내 얼었던 땅이 덜 녹은 상태에서 15㎝ 정도의 기다란 도라지를 캐는 작업은 쉬운 일이 아니다. 나는 땀을 비 오듯 흘리며 작업과 휴식을 반복했으나 아내는 쉼 없이 일을 한다. 도라지밭의 삼분지 일 정도를 갈아엎고 두 시간 정도 일을 하면서 목표량 한 포대를 채웠다.

'후유, 이제 다 끝났다.'라고 생각하며 안도의 한숨을 내쉬었다. "저쪽 밭에 가서, 돼지감자랑 더덕 좀 캡시다." 아내의 말에 어깨가 축 처졌지만 내가 좋아하고 잘 먹는 채소를 캔다기에 싫다는 말을 할 수 없었다. 아내는 돼지감자와 더덕을 캐면서 멧돼지가 파먹고 등산객들이 다 뽑아가 남은 게 없다면서 구시렁거렸다. 나는 속으로 천만다행이라고 생각하며, "우짜겠노, 나눠 먹어야지."라는 말로 위로했다. 아내가 다른 밭에 가서 봄나물을 뜯어가자고 한다. 몸은 힘들지만 여기까지 와서 지천으로 널려있는 제철 나물들을 그냥 두고 가면 너무 아쉬울 것 같다.

처가 논밭 중에서 가장 크고 농사가 잘되는 저주지 위쪽 밭으로 장소를 옮겼다. 양지바른 곳에 앉아 가져온 떡과 과일로 새참을 먹던 중, 지나간 시간이 영상처럼 흘러간다. 내가 결혼하고 처음 왔을 때 이곳은 논이었다. 모판을 지게에 지고 오르면서 너무 힘들어 모든 걸 팽개치고 도망가고 싶은 생각을 했었다. 그 후 마늘 고추 오이 양파 배추 등을 심는 밭으로 바뀌었다. 밭 주변에는 매화 돌복숭 감 대추 오가피 초피 헛개나무 등이 있어 수시로 일을 하러 왔었다. 묵정밭으로 바뀐 지금은 봄나물과 잡풀들이 서로의 영역을 적절하게 나누어 태평성대를 누리고 있다.

"한 시간만 하면 되니까, 당신은 몸살이 나지 않도록 사진이나 찍으면서 쉬고 있어요." 아내는 낫과 호미를 들고 밭으로 들어갔고, 나는 스마트폰으로 저수지의 봄 풍경을 몇 장 찍은 후 밭둑에 앉았다. 매화와 산수유가 드문드문 피어있는 반대편 산기슭의 암자에서 염불 소리가 들려온다. 나는 지금 염불에는 마음이 없고 잿밥에만 눈이 먼 스님처럼 봄나물을 맛있게 먹을 생각만 하고 있다. 그래도 아내의 일이 끝나면 내가 짐을 옮기고 부산까지 차를 몰고 가야 하므로 좀 쉬어도 괜찮다고 위안한다.

묵정밭은 봄나물의 향연장이다. 혹독한 겨울을 이겨낸 봄나물은 따뜻한 봄볕과 신선한 공기를 맞으며 누가 더 튼실하고 향이 강한지를 뽐내고 있다. 밭 귀퉁이에서 자라는 달래와 부추는 서로 힘이 세다며 줄기를 하늘로 쭉쭉 뻗어 올리고, 정해진 장소도 없이 뿌리를 깊게 내린 냉이와 쑥은 서로가 봄을 대표하는 향을 뿜어낸다고 주장하고, 그늘진 곳에서 조용히 자라는 머위는 식욕을 돋우는 데 최고라고, 몇 년 전에 씨를 뿌려 적응을 잘하고 있는 방풍은 건강식품으로 제일이라고, 손가락 길이만큼 자란 땅두릅은 고기보다 맛있다며 목소리를 높인다. 할 말이 없는 잡초들은 가만히 앉아 있는 나처럼 눈만 말똥거리고 있다.

"다 되었어요. 갑시다." "벌써! 이야, 많이 캤네." 아내는 한 시간도 지나지 않아 두 개의 커다란 비닐봉지에 봄나물을 종류별로 가득 채웠다. 손질하고 다듬는 일은 집에 가서 하면 된다. 입구에 세워둔 장모님 전용 유모차에 도라지와 나물을 싣고 처가로 향한다. 처가에 와서 일하고 이렇게 기분 좋은 적은 없었다. 나도 모르게 콧노래가 나온다.

허약한 신체에 봄이 가득 채워질 걸 생각하니 집으로 향하는 운전대가 가볍다.

껌딱지의 분노

2042년 7월.

며칠 전 거주지를 저승으로 옮겼다. 체온조절기능장애라는 열사병으로 숨을 멈추었다. 냉동캡슐에 이틀 정도 보관되어 있었지만, 재생의 기적은 없었다. 연일 40도가 넘는 폭염으로 내 또래의 노인들이 같은 시기에 많이 이주했다. 평소 더위에 약한 나는 이곳으로 잘 왔다고 생각한다. 불편한 점은 몇 가지 있지만, 자연환경은 어릴 적 뛰어놀던 시골 모습 그대로다.

한반도에 봄과 가을이 없어졌다. 4월부터 10월까지 7개월간 여름, 나머지는 겨울이다. 상춘객, 단풍놀이라는 단어는 사전에서나 찾아볼 수 있다. 봄도다리와 가을전어, 얼음골사과와 제주 밀감은 북쪽으로 이동했고, 그 빈자리를 이름도 모르고 본 적도 없는 이상한 열대어와 과일들이 차지했다. 인간들이 추구하는 편리함과 욕심은 환경을 오염시키고 생태계를 파괴했다. 매년 지구의 평균 온도가 상승하면서 21세기 초반까지는 상상할 수 없는 많은 일이 일어났다.

내가 숨을 멈추기 2주 전.

종합검진을 받기 위해 서면의 '부산노인의료센터'로 가고 있었다. 지하철에서 내려 에스컬레이터를 타고 지상으로 올라갔다. 몇 발짝 걸어가던 중, 저 멀리서 사람들이 우르르 몰려오는 모습이 보였다. 걸음을 멈추고 눈을 크게 떴다. 그들은 뒤를 힐끔힐끔 돌아보면서 빠르게 다가왔다. "무슨 일?" "껌! 껌딱지가 몰려오고 있어요. 어서 돌아가세요." 시커먼 물체가 천천히 움직이면서 사방으로 퍼져나가고 있는 것이 보였다. 자동차들이 서면을 빨리 빠져나가기 위해 앞다투어 경적을 울린다. 반대편에서는 119구급차가 요란한 소리를 내며 몰려오고 있었다. 나는 두려움을 느끼면서 지하도 입구 난간을 잡고 사태를 관찰했다.

그날도 최고 기온은 40도를 넘겼다. 서면의 인도와 차도에 더럽게 붙어있던 껌딱지들이 흐물흐물 움직이기 시작했다. 그들은 뜨거운 태양열을 받으면서 '껌벌레'라는 아주 작은 생명체를 잉태했다. 껌딱지 하나에 수백 마리의 껌벌레가 태어났다. 고무처럼 탄력성을 가진 벌레들은 오염된 공기와 햇빛만 있으면 자신들의 생명을 유지할 수 있다. 그들에게 주어진 임무는 개체를 번

식시키면서 껌딱지를 키워 나가는 것뿐이다. 그들의 성장을 멈추게 하는 것은 깨끗한 물과 파릇파릇한 식물들밖에 없었고, 기온이 30도 이하로 떨어져야만 생명을 잃게 된다.

껌딱지는 사람들에게 버려지고 신발 밑창과 자동차 바퀴에 짓밟히기도 했지만, 껌벌레들은 사람을 공격하지 않았다. 그냥 서서히 움직이면서 도로와 건물을 새까맣게 덮어버릴 뿐이었다. 건물 한 층을 덮는데 대략 30분 정도의 시긴이 걸렸다. 자동차가 껌벌레들을 뭉개며 느리게 지나다닐 수 있었지만, 정상 속도로 달릴 수는 없었다. 그래도 탄력성이 좋은 껌벌레들은 금방 원상회복되었고, 오히려 타이어에 달라붙어 다른 지역으로 이동할 수 있었다.

껌벌레는 서면로터리 주변의 고층빌딩과 사방으로 뚫린 도로를 타고 자신들의 영역을 넓혀나갔다. 사람들은 사무실의 창문을 꽉 닫고 있었지만 껌벌레들이 천천히 창문을 타고 올라가는 모습이 보였다. 껌벌레들은 전봇대를 타고 올라가면서 많은 전선을 하나로 묶었다. 합선으로 불꽃이 튀기 시작했고, 몇몇 건물에서도 창문 밖으로 불길을 내보냈다. 서면으로 들어오는 차량은 통제되었다. 방송 매체에서 긴급재난방송을 시작하면서 서면의 현황을 전국으로 내보냈다.

서면의 모든 사무실과 상점의 문은 닫혔다. 사람들은 어떻게 해야 할지를 몰라 우왕좌왕 갈피를 못 잡았다. 공포감을 느낀 사람들은 우선 옥상으로 뛰어 올라갔다. 수십 대의 군용헬기가 동원되어 옥상에서 구조를 요청하는 시민들을 실어 사직운동장으로 옮겼다. 부산 전 지역에서 출동한 소방차에서는 껌벌레가 더는 진행하지 못하도록 굵고 강한 물줄기를 연신 뿜어내고 있었다. 그것은 껌벌레의 활동을 잠시 지연시키는 임시방편에 불과했다. 강렬하게 내리쬐는 햇볕과 아스팔트의 뜨거운 복사열은 많은 수분을 빠르게 기화시켜버렸다. 잠시 숨을 고르던 껌벌레들은 계속 진군해 나갔고, 특별한 방법을 찾지 못한 구조대원들은 급하게 수송된 바닷물만 뿌리고 있었다. 오염된 바닷물이 말라붙자 껌벌레들의 진행 속도는 조금씩 빨라지기 시작했다.

해가 지고 난 후의 밤 기온은 35도 아래로 떨어지지 않았고, 구조대원들은 지치기 시작했다. 군인과 경찰의 특수부대까지 합세하여 합동작전까지 펼쳤지만 여의치 않았고, 오히려 한발 한발 후퇴를 해야만 했다. 껌벌레들은 자신들의 영토를 동쪽으로 부전시장, 서쪽으로 부산진역, 남쪽으로 황령산 터널, 북쪽으로 어린이대공원 근처까지 넓혀나갔다. 밤늦은 시간에는 대구와 광주, 대전 지역에서도 껌벌레 피해 소식이 전해졌다. 부산에서 이동한 승용차가 그 지역을 오염시킨 것이다.

정부에서는 전국에 국가비상사태 긴급1호를 발령했고, 부산시청에서 20분 거리에 있는 금정구청에 컨트롤타워인 종합상황실을 설치했다. 껌벌레가 점령한 지역은 암흑천지로 변했고 특별한 임무를 맡은 차량과 사람만 출입이 허용되었다. 다행히 미약하지만, 통신은 가능했다. 사람들은 스마트폰을 보면서 현재의 위급한 사태를 파악했다. 마트에서는 비상식량을 사재기하려는 사람들이 북새통을 이루었다. 평소 착하기만 했던 사람들이 물건을 훔치고 사소한 일로 싸우는 경우도 발생했다.

하루가 지난 후에도 껌벌레들은 계속 영역을 넓혀가고 있었다. 상황실에서 비상대책회의가 열리던 중 대통령이 전용 헬기를 타고 종합상황실에 도착했다. 재난전문가들이 밤새 분석한 결과를 보고했다.

"껌벌레들은 부산시민공원이나 어린이대공원과 같이 숲이 우거진 곳과 광안리 바닷가 쪽으로는 진출을 못 하고 있습니다. 시민들을 그쪽으로 대피시켜야겠습니다."

"바다로?"

"전국의 대형 선박들을 부산항에 모이도록 긴급명령을 내려야 합니다."

"서둘러 조치를 하세요. 껌벌레를 제거할 방법은?"

"아직, 특별한 방법이 없습니다."

숲이 우거진 곳과 물이 있는 곳에는 껌벌레가 움직이지 못한다는 사실을 알아냈지만 껌벌레를 제거할 수 있는 근본적인 해결책은 찾지 못했다.

공원 인근에 사는 시민들은 비상식량과 옷가지를 챙겨서 공원으로 대피했고, 많은 사람이 선박으로 피신하기 위해 바닷가로 이동했다. 우리나라의 대형 선박들과 남해안 인근에 있던 중국과 일본의 컨테이너선들이 부산항으로 몰려왔다. 10여 명씩 보트를 타고 선박에 올랐다. 사람들은 먼저 배에 타기 위해 난리를 피웠다. 그 광경은 30년 전쯤에 상영되었던 영화, 〈국제시장〉에 나오는 함흥철수작전을 방불케 했다.

그 와중에 외국 선적 몇 척은 승선 대가로 비싼 요금을 받았고, 일부 부유층은 사태가 잘못되면 즉시 외국으로 피신할 수 있다는 생각으로 기꺼이 응했다.

사람들은 다급한 나머지 껌벌레가 붙어있는 신발을 벗고 탑승해야 한다는 것을 잊어버렸다. 몇 사람의 실수로 선박에서도 껌벌레들이 활동하기 시작했다. 사람들이 우왕좌왕하면서 힘없는 노인들 서너 명이 바다로 떨어지기도 했다. 호스를 이용해 바닷물을 계속 뿌리면서 배 안의 상황은 진정되었다.

5일째 되던 날, 종일 비가 내리면서 껌벌레 사태는 소강상태에 들어갔다. 뚜렷한 해결책을 찾지 못한 종합상황실에서도 숨을 돌리면서 민관군이 참여하는 비상대책회의를 계속하고 있었다.

"껌벌레들을 죽이기 위해서는 기름을 붓고 불을 지르는 수밖에 없습니다."

"그럼, 부산 시내를 불바다로 만들자는 겁니까? 말도 안 되는 소리를…."

“그렇게라도 하지 않으면 조만간 전국이 껌딱지로 덮여버립니다.”

“… ….”

“부산 시내 지하 하수관을 모두 폭파시켜서, 일단 껌벌레의 진행을 막아봅시다.”

‘따르르릉, 따르릉.’

갑자기 비상대책위원장 앞에 놓여있던 전화벨이 울렸다.

“여보세요.”

“저어, 유치원에 다니는 아이의 엄마인데요.”

“예. 말씀하세요.”

“우리 애가 아이스크림을 먹으면서 내가 있는 쪽으로 뛰어오다가 아이스크림을 껌딱지 위에 떨어트렸어요.”

“그런데요?”

“그 아이스크림이 떨어진 곳에 껌딱지가 동그랗게 녹으면서 땅이 보이더라고요.”

“예! 정말입니까?”

위원장이 놀라면서 자리에서 일어서자 모든 대책위원이 의자를 밀치며 일어섰다.

“예. 사실입니나. 제가 왜….”

“감사합니다. 감사합니다.”

위원장은 통화 내용을 위원들에게 설명하고 잠시 고민을 했다.

"여기서 무슨 해결책을 반드시 찾아야 합니다."

위원들은 사실 여부를 확인하기 위해 아이스크림 50개를 매입해서 껌벌레의 진행이 멈춰 있는 연산로터리로 출동했다. 아이스크림 포장 종이를 하나씩 벗겨서 껌딱지 위에 던졌다. 아이 엄마의 말이 사실이었다. 껌벌레들이 아이스크림의 차가운 온도에 녹으면서 일정 부분 사라지고 있었다. 사태의 해결책은 기온을 낮추어야 한다는 것으로 결론을 내렸다.

전국의 얼음 공장이 풀가동되었다. 얼음이 만들어지는 즉시 부산을 비롯한 껌벌레 발생 지역으로 배송되었다. 군용트럭과 화물차가 얼음을 끌고 다니면서 막혀있던 도로를 뚫었다. 그러나 그것도 허사였다. 얼음 작전이 중단된 밤이 되면서 인도와 건물에 붙어있던 껌벌레들은 도로를 다시 새카맣게 만들었다.

비상대책 위원 중 한 사람인 기상전문가가 말했다.

"인위적으로 기온을 낮추기 위해 하늘에서 인공눈을 뿌리면 될 것 같습니다."

그는 비행기에서 요오드화은(AgI)과 같은 빙핵氷核물질을 살포하면 고공에서 미생물성 증설체인 빙핵활성세균이 만들어지고, 이 세균은 대기 중의 수증기를 찬 기운과 결합시켜 얼게 만들기 때문에 원하는 만큼의 눈을 내리게 할 수 있다는 설명을 했다. 위원들은 손뼉을 치며 환호했다.

다음 날, 부산의 하늘에서는 종일 함박눈이 내렸다. 갑자기 영하로 떨어진 기온으로 껌벌레들의 생은 마감되었다. 껌딱지의 몸은 빠른 속도로 쪼그라지면서 사태의 진원지인 서면으로 모여들었고, 서면로터리 중앙에 작은 껌동산이 만들어졌다. 부산시에서는 껌동산에 강화유리 상자를 덮어씌웠고 이번 사태를 기억하기 위해 날짜와 함께 짧은 문구를 적어놓았다.

'2042. 7. 17. 껌을 함부로 뱉지 맙시다.'

사태 해결 후, 기온이 평소보다 조금 더 올라 42도에 접근하고 있었다. 언론에서는 인공눈 때문이라고 떠들었다. 나는 다시 종합검진을 받기 위해 서면으로 향했다. 지하철에서 내려 지상으로 올라왔다. 갑자기 심한 현기증과 함께 가쁨 숨을 몰아쉬었다. 난간을 잡고 쓰러지면서 껌동산을 바라보았다. 이승과 작별을 고하는 나의 마지막 순간이었다.

나는 젊었을 때, 껌을 씹다가 단물이 빠지면 가차 없이 길거리에 버렸다. 무심결에 침과 가래도 뱉었다. 담배꽁초는 하수구에, 종이컵은 구겨서 아무 곳에나 던져버리는 행동을 대수롭지 않게 생각했다. 이번 껌딱지 사태처럼 앞으로 어떤 쓰레기들이 자신들의 분노를 표출하여 인간의 삶에 심각한 경고장을 발송할지는 아무도 모를 일이다.

인간의 편의주의와 욕심은 자연을 절대로 이길 수 없다.

양희용(일섭) 수필집

레시피 없는 요리 수필

인쇄 2023년 10월 10일
발행 2023년 10월 10일

지은이 양희용(일섭)
발행인 서정환
펴낸곳 수필과비평사
주소 서울시 종로구 삼일대로 32길 36(익선동 30-6 운현신화타워 빌딩) 305호
전화 (02) 3675-3885, (063) 275-4000·0484
팩스 (063) 274-3131
이메일 sina321@hanmail.net essay321@hanmail.net
출판등록 제300-2013-133호
인쇄 · 제본 신아문예사

ISBN 979-11-5933-397-2 (03810)

값 13,000원

한국문화예술위원회
* 이 도서는 2023년도 한국문화예술위원회 아르코문학창작기금 발간지원 사업에 선정되어 발간되었습니다.